老子

道德经的现代解读

王邦雄 著

序

我讲老子《道德经》，将近四十年之久，恐怕比老君自己，还更专业、更投入呢！

讲老学必讲原典，《道德经》不过五千言，不直接读原典，甚至读不精熟，还真说不过去，因为只有精熟，才有慧解。

我研究老子的学术论著，写在1978年至1979年间。关于此知识的学问，在中壮年即可登上高峰，《老子的哲学》建构了整部《道德经》的思想体系；而生命的学问，则有待生活的体验与岁月的锤炼来消化会通。老子三书《老子道》《生死道》《人间道》讲于1989年至1990年间，已深入灵动许多，可以放开理论架构的束缚，而直对人生说解，抉发隐藏在字里行间的灵动智慧。

而今我既不建构理论的体系，也不透显体悟的智慧，放下平平，回归老君原典，逐章逐句地解读。每章依其理论架构，分段标点，解析语文脉络中的内涵。且以经解经，以《老》解老，旨在求得贴切而恰当的理解。《老子道德经的现代解读》，就在我即将从大学教席退休的成熟年代，才又一章一章地写了出来。

　　十几年前刊行了由我的课堂实录集结而成的《生命的大智慧》，一者因其匆促成书，仅诠表了二十二章；二者由于口语表述生动有余，而严谨不足，结构相对松散；三者因我的体会犹不深，感受亦不切，义理精微透显不出来，所以我颇引以为憾！前些年，我在"中副"写方块专栏，专门就自身最有感悟也最具创意的先秦诸子来书写，先写《庄子》寓言，再写《论语》一以贯之的儒学体系，最后诠释《老子》原典，意图将《生命的大智慧》未讲论的其他篇章加以补全。惜台湾《中央日报》停刊，逐章连载随之停摆，不过我仍一鼓作气，将它依章次写了下来。原本从讲堂实录随意整理写出的二十二章，其中七章的诠释大体完好，在关键处点出，求其义理显豁即可，其他十五章均需重新解读。如此，八十一章已完整成书，由远流精心编排，大力发行。但愿此积累数十年讲课功力的现代解读，可以源远而流长，让中国人可以随《解读》而读懂老子，以太上老君的道眼来看世界、看人生，照见天地的真相与人间的真情。

　　依我"在家、出家与回家"之人生进程的三部曲来看，《老子的哲学》是"在家"，老子三书是"出家"，而《老子道德经的现代解读》则是"回家"。读《老子》要读进去，不仅读懂，还要读出整套的世界观与价值观来，那是"在家"；要读出整套来，还要化知识为智慧，由结构而解构，以创意滋润生命，以灵感美化人生，这是"出家"；不论理论建构的"在家"与灵动解构的"出家"，总要回归原典这一"老家"。随着少年成长、中年创业、老年休闲的人生脚步，诵念朗读老君真言，咀嚼回味，以生命作为底本，与经典对话印证，相看两不厌，随着水涨而船高，体验越深，感受越真切，解读的理境随之上升，原本的理论架构与智慧灵动，也在拓展加深中。似乎在我们的生命解读中，丰富也深化了老学的意涵，此之谓由解构而重构的"回家"。此时人人的创意新解，终将汇入老学传统的历史长流，因为有我，老学就此不一样了。

"为学日益"的知识进路，可能成了"书呆"，书读进去而生命出不来；"为道日损"的生命进路，则由"书呆"化身而为"书生"，生命灵动了，却不知其所归；既消化了经典，再活用于人生，化绚烂为平淡，将天大地大引入家常、日常中，不凸显生命的光采，而归于生活的平实。似乎亘古以来，人间就是如此真实而美好。这样一来，出家的"书生"，就已蜕变为在家的"真人"了。《庄子·大宗师》有云："有真人而后有真知。"人生两大出身，一是家门的"宗"，一是师门的"师"，此家门的香火与师门的薪火，得以永传，根源在"道体"。真人真知，就在于宗大道以为师，体现了天道，也成全了人间。老庄道家的高明智慧，就在于开启了人人皆可成"真人"的价值空间。

数十年来，我先后在辅仁、文化哲学系所、淡江中文系所与"中央大学"中文系所与哲研所开课讲学，也在《鹅湖月刊》、《国文天地》、新象艺术中心、华山讲堂、敏隆讲堂、蕙质妈妈社、赖许柔文教基金会等民间文化讲座解经论道，老子《道德经》成了最受欢迎的重点课程。热门叫座也激发了我开讲座的热情，讲堂课室的现场，给出了和学员们共同创作的空间，诸多解悟，就在讲课时突地闪现。我在自身感动之余，课后也跟着学生写笔记，《老子道德经的现代解读》，可以说是我讲学近四十年的心得结晶，也反馈了一路陪伴我同步成长的诸多学生与朋友，这可是讲堂、讲座与听讲同道三者交会而成的成果展现。

王邦雄序于二〇〇九年十二月
淡大中文系

话说老子

老子《道德经》不过五千言，却道贯古今，源远流长几千年。太上老君与至圣先师在文化心灵的传承中，地位等同，分量一致。

老子身世如谜，有关他的生平事迹难以详考。我们只知道老子姓李，名耳，字聃，后来的人都尊称他为老子。司马迁在《史记·老子韩非列传》中仅能将三个传说并列，无法判定三者间哪一位传说人物是老子的本尊。不可思议的是，司马迁却可以明确地说出他是"楚苦县厉乡曲仁里人也"，此隐寓对老子其人的批判，恐怕是因为老子说了"天地不仁""圣人不仁""绝圣弃智""绝仁弃义"这样的话。

"孔子问礼于老聃"，他似乎是孔子的前辈，不过依《道德经》"失道而后德""失德而后仁""失仁而后义""失义而后礼"的思想脉络来看，老子认为儒学的仁、义、礼，若失落道德的活水源头，将会干枯僵化。由是而言，他不会是孔子问礼的礼学专家，也不能是孔子的前辈，他的年代应该在孔子之后。

老子说"道"，为的是要合理解释万物的存在。问"道"

凭什么可以生成万物？他的体会是："道"有两面向，一面是"无"，一面是"有"。因为道体是"无"，是无限的存在，超越在万物之上，而又没有万物会疲累、有病痛的有限性，所以可以作为天地万物的根源之始；道体也是"有"，存在于万物之中，永远陪伴万物的成长，所以可以作为天地万物的生成之母。

道一体两面，同时又无又有，这不是矛盾，而是玄妙。而在两面向之外，又兼具双重性。在有无之间，"无"更为根本。"天下万物生于有，有生于无"，"有生于无"可不是"无中生有"，"无"不是存在样态的描述，而是修养的观念，不是一无所有，而是"无执着"与"无分别"。"绝仁弃义"与"绝圣弃智"，不是反对仁义或否定圣智，而是解消心知的执着；我不是仁义的化身，且放下圣智的身段，我忘掉了我的高贵，也消解了我的傲慢，从高高在上的权威宝座走下来，才可能跟天下人走在一起。也就是说，我"无"了我自己，而把"有"的成长空间给了天下人。

道体的"无"，是"独立而不改"，道体的"有"，是"周行而不殆"，从本体论而言是"有生于无"，从修养论而言则是"无了才有"。能"无"掉名利权势、不攀缘、不投靠的人，生命人格才可能独立自主，一生不改本色与初衷；且人格独立的人，才能遍行天下，而不会迷失沉落，毁坏了人生的行程。

老子《道德经》开宗明义即云："道可道，非常道；名可名，非常名。"可道、可名，由知善、知美而来。老子所说的"知"，主体在"心"，本质是"执"，心知执着于善之所以为善、美之所以为美的价值标准，而责求天下人符合"我执"定的标准。问题在于，这一"美""善"的标准，却是心知的执着与主观的偏见，并不是放诸四海皆准的普世价值。实则，回归每一个人的生命本身而言，每一个人都有自家的善与自身的美。把标准定在自己的立场，而把跟我们不同的人判为不对，这是人世间最大的傲慢与偏见。而化解之道，就在于拆除自己心里的监牢，从自我禁闭中走出来。我放下我的对，才会肯定你的对；我忘记我的好，才会看到你的好。所以说："上德不德，是以有德。"

总的来说，老子《道德经》这一部堪称质量最高的智慧宝典，留给我们的就是"无"的形上智慧。别看道体冲虚，却妙用无穷，有如水库冲虚，水注入，它不会盈满；水倒出，它也不会枯竭。吾心致虚守静，一者可以无限地包容，二者虚静如镜，可以观照万物。"万物静观皆自得"，在吾心静观之下，万物可以回归自然，活出自家的美好。这就是道家式的"生"。

目 录

第1章　有无玄妙的天道思想　　001
第2章　功成弗居的实现原理　　007
第3章　虚心弱志的无为智慧　　012
第4章　和光同尘的冲虚道宗　　016
第5章　圣人不仁的放开自得　　020
第6章　谷神不死的生养本根　　024
第7章　天长地久的无我成全　　028
第8章　上善若水的处下不争　　032
第9章　功遂身退的天道自然　　036
第10章　生而不有的天门玄德　　040

第11章　有利无用的人间妙道　　048
第12章　五色目盲的人为造作　　052
第13章　宠辱若惊的贵身大患　　055
第14章　执古御今的古始道纪　　059
第15章　微妙玄通的保道新成　　063
第16章　虚静观照的归根复命　　068
第17章　百姓自然的太上治道　　072
第18章　道废智出的不和昏乱　　076
第19章　绝仁弃义的见素抱朴　　079
第20章　昏昏闷闷的绝学无忧　　082

第21章	唯道是从的大德生命	086
第22章	少得多惑的不争曲全	090
第23章	飘风骤雨的难期长久	094
第24章	企者跨者的不立不行	098
第25章	道法自然的独立周行	101
第26章	重根静君的圣人荣观	105
第27章	善闭善结的不开不解	109
第28章	知雄守雌的复归婴儿	113
第29章	天下神器的不执不为	117
第30章	兵强天下的其事好还	121
第31章	兵者不祥的胜而不美	125
第32章	始制有名的知止不殆	129
第33章	自知自胜的知足久寿	133
第34章	大道名小的自成其大	139
第35章	道淡无味的用之不尽	143
第36章	将弱固强的微明洞见	147
第37章	无名不欲的自化自定	153
第38章	不德有德的虚用玄理	157
第39章	天清地宁的得一本基	163
第40章	有生于无的虚灵妙用	167

第41章	道隐无名的善贷且成	171
第42章	负阴抱阳的冲气和合	175
第43章	不言无为的至柔教益	179
第44章	爱名藏货的大费厚亡	183
第45章	若屈若拙的大直大巧	186
第46章	可欲欲得的罪咎无道	190
第47章	不为而成的圣人道行	194
第48章	为道日损的无为无事	198
第49章	圣人无心的德善德信	202
第50章	不遇无所的超脱生死	206
第51章	不有不宰的天道玄德	211
第52章	知子守母的复归不离	215
第53章	行走大道的唯施是畏	220
第54章	建德抱道的不拔不脱	224
第55章	赤子天真的精至和至	228
第56章	挫锐解纷的玄同高贵	233
第57章	正道奇变的忌讳纷扰	238
第58章	祸福倚伏的迷离困惑	242
第59章	治人事天的服道积德	247
第60章	圣人鬼神的两不相伤	251

第61章	大国宜下的兼容并蓄	255
第62章	不善何弃的奥藏万物	259
第63章	无为无事的报怨以德	263
第64章	为之未有的辅物自然	267
第65章	与物反矣的玄德大顺	272
第66章	言下身后的百谷之王	276
第67章	道大不肖的我有三宝	280
第68章	不武不怒的不争之德	285
第69章	所执无兵的哀者之胜	288
第70章	易知易行的言宗事君	291
第71章	知止不知的圣人不病	294
第72章	无狎所居的圣人自知	297
第73章	勇于不敢的天网不失	301
第74章	代司杀者的自伤其身	305
第75章	食税有为的难治轻死	308
第76章	木强则兵的柔弱处上	312
第77章	余补不足的天道律动	315
第78章	受国不祥的天下人主	319
第79章	不责于人的契合符信	324
第80章	甘食美服的小国寡民	327
第81章	利而不害的天道成全	331

第1章　有无玄妙的天道思想

走出自己想走的路，活出自己想要的内涵。

道可道，非常道；名可名，非常名。
无，名天地之始；有，名万物之母。
故常无，欲以观其妙；常有，欲以观其徼。
此两者，同出而异名，同谓之玄；玄之又玄，众妙之门。

老子《道德经》首章，以"形上学"开讲。

道可道，非常道；名可名，非常名。

第一章开宗以明义，说"道"与"名"。"道"是"道路"，"名"是"名分"；《论语》说"士志于道"，也说"必也正名乎"；而道路与名分的转接点，就在于礼制。老子在孔子之后，对"道"与"名"，做出了超越的反省。"道可道，非常道；名可名,非常名",此言"道"若可道,已非常道;"名"若可名,已非常名。

"可道"的"道",当动词用:依"夫子自道也"来解,当"言说"解;依"道之以德"来解,当"引导"解。两说同时成立,问何以言说?是为了引导。问如何引导?要通过言说。言为心声,言说有心,引导有为,是因为已加入了心知人为,就不再是恒常之"道"的本身了。故人生的道路,假如可以通过言说去引导的话,就不会是每一个人自己想走的人生道路了。

"可名"的"名",也当动词用,不论宗教教义,或哲学体系,甚至是人间礼制,都要给天下人定"名"分;由"名"定"分",位在怎么样的"名",就要尽到怎么样的"分"。《论语》的"君君,臣臣;父父,子子",就是所谓的"正名"。如何"正名"?就在尽分。君臣正名尽分,父子也要正名尽分,家齐国治,不就天下平了吗?故可名的"名",就在"名"的规定中,赋予"分"的价值内涵;此规定中赋予内涵的"可名",已加入了心知人为的成分,就不再是恒常之"名"的本身了。故生命的内涵,假如可以通过规定去赋予的话,就不会是每一个人自己想要的生命内涵了。

再上下两句贯串下来,"名"由"道"来,人走在怎么样的人生"道路"上,就会活出怎么样的"名分"内涵来,《庄子·齐物论》有云:"道行之而成,物谓之而然。"由《庄子》解《老子》,最为贴切。"道"是思想体系,给出"物"的存在分位,"道"要"行之"而"成","物"要"谓之"而"然";"行之"是实践,"谓之"是评价,你做了什么,你才是什么!什么都不做,也就什么都不是。道行之有"成",物谓之得"然","然"就是活出一生的价值内涵。

《庄子·齐物论》说:"可乎可,不可乎不可。"也说:"恶乎然?然于然。恶乎不然?不然于不然。"可于"道",然于"名",皆人生道路与价值内涵的认可与判定。问题在于,要"可"于"道"的自身,要"然"于"物"的自身,而不是心知人为的认可与判定。故"可道"与"常道","可名"与"常名",是超越的区分;"可道"不再是"常道","可名"不再是"常名"了,此由"可道""可名"的遮诠,而彰显"常道""常名"的自身,在不可说中说,在说它不是什么中说它是什么,由"遮"而"诠",是谓遮诠。

无,名天地之始;有,名万物之母。

此"无"与"有",皆是"道体"的存在性格。"道"有两面向,一边是"无",一边是"有"。因为"道体"是超越在万物之上的"无",从人间的观点来看,它好像什么都不是,它是无限，所以它可以作为天地万物的根源之"始"；"道体"又是存在于万物之中的"有"，从人间的观点来看，它好像什么都是，遍布于天地间的每一个角落，所以它可以作为天地万物的生成之"母"。

天地是总称，万物是散说，"道体"一直担负着天地之"始"与万物之"母"的生成作用，所以我们就给它"天地之始"与"万物之母"的称号。前者是"道"，后者是"名"；因"道"的行，而有"道"的名。"做了什么"是"道"，"才是什么"是"名"，此"名"就是道的"然"。

故常无，欲以观其妙；常有，欲以观其徼。

首段说"道体"的"常"，接着说"道体"的"无"跟"有"；此段则连接着前二者说"道体"的"常无"与"常有"。因为"道体"是恒常的"无"，"道体"又是恒常的"有"。

"欲"是生命主体的意向，"观"是生命主体的观照；"观其妙"与"观其徼"的"其"，皆是指涉"道体"。"道体"是超越的"常无"，吾心虚静观照，可以照现"道体"常无的"始物"之妙；"道体"又是内在的"常有"，吾心虚静观照，也可以同时照现"道体"常有的"终物"之徼。

"徼"，王弼注："归终也。"从"始"之根源说妙用，从

"母"之生成说归终,陪伴万物走完生命的全程。

此"观"是直观,直接看到,不必通过中介;因为中间的媒介,一者是彰显,二者是遮蔽,彰显的同时是遮蔽;有如两地间的中介桥梁,会通的同时是障隔。只有解消"可道"与"可名"的中介桥引,才可以直接看到"常道"与"常名"的本身。

此经由生命主体的心灵修养,观照体现"道体"常无的"始物"之妙与"道体"常有的"终物"之徼,将"道体"的生成原理引向人间;开启了人道可以走向天道的大门。

此两者,同出而异名,同谓之玄;玄之又玄,众妙之门。

"此两者",指涉的是"道体"的"无"与"道体"的"有";"同出"是同出于"道体","异名"是不同的称号。"无"是根源之"始","有"是生成之"母"。"同谓之玄",是对"道体"而言,它既是"无",又是"有"。"玄"是玄妙奥藏,不可思议。人间万象是"无",就不能是"有";是"有",也就不能是"无"。"道体"是"无",而不死于"无";是"有",而不滞于"有"。无而"不无",是无而"有";有而"不有",是有而"无"。

此"无而有",又"有而无",不构成矛盾。因为"无"不是存在样态的描述,说什么都没有,而是化解心知执着的修养。"无而有"是"无"的修养,可以成全"有"的美好;"有而无"是"有"的美好,要靠"无"的功夫来保存。

"同出而异名"是一而二,"同谓之玄"是二而一;"玄之又玄"就是"无而有"与"有而无"之双向圆成的生成妙用。"众妙之门","众妙"指涉的是天地万象;"门"指涉的是道的生门。

一切的存在,都从"道"的"玄门"出来,又回到"道"的"玄门"里去;它既是"始",又是"终"。它既是根源,又是生成,有如人间的"家门",一家人的一生,就从家门出来,又回到家门里去。而"道体"就是天地万物的"家",它的"无",给出我们活出一生的空间;它的"有",陪伴我们活出一生的美好。这一又无又有的玄妙,就是老子所体现的生成原理。

第2章　功成弗居的实现原理

> 人家只是跟我们不同，人家不见得不对。

天下皆知美之为美，斯恶已；皆知善之为善，斯不善已。

故有无相生，难易相成，长短相较，高下相倾，音声相和，前后相随。

是以圣人处无为之事，行不言之教。

万物作焉而不辞，生而不有，为而不恃，功成而弗居。

夫唯弗居，是以不去。

天下皆知美之为美，斯恶已；皆知善之为善，斯不善已。

"天下"指称的是天下人。"知"的主体是"心"，"心"有"知"的作用；而"知"的本质是"执"。"美"与"善"，是人世间的两大价值。"知美""知善"，不是客观的认知，而是主观的执着。"美""善"的价值标准,既然是自心知的执着而来,当然是非理性的偏见。

"知美之为美""知善之为善",是心知对美之所以是美、善之所以是善的内涵,做出规定;而内涵决定外延。"斯恶已""斯不善已",此"斯"当"则"解;而美丑相对,善恶相对,凡不合乎这一"美""善"标准的人,都被判定为"不美"跟"不善",而被排除在人间美善的价值界域之外,等同于被流放边陲蛮荒,痛失自家的美善。这一美丑、善恶的执着二分与价值判断,堪称人间世界由纷扰走向裂解的症结所在。

这一章的"知美""知善",可与上一章的"可道""可名"连线求解,以言说引导的"可道",与在规定中赋予的"可名",就是心知执着的美善之道与价值内涵。把美善标准定在自身,是偏见;责求他人合于标准,是傲慢。判定他人为丑恶,则已成伤害;实则,就人的天生自然的本真而言,每一个人都有自家的美跟善。人人天真,人人美善,人我之间,人家只是跟我们不同的美、不同的善,而不可以判定人家就是不美、不善。

故有无相生,难易相成,长短相较,高下相倾,音声相和,前后相随。

人间价值在美丑、善恶之外,还有有无、难易、长短、高下、音声与前后的相对二分，这几组观念，皆相对而立，相因而成，互相以对方为原因而成立。有了一个"有"，就同时有了一个"无"；有了一个"难"，就同时有了一个"易"；有了"长"，就同时有了"短"；有了"高"，就同时有了"下"；有了"主音"，就同时有了"和声"；有了"前"，就同时有了"后"：如同连体婴一般，同时出现，难以切割。

落在人间的分别、比较来看，有人比较"有"（富足），就有人比较"无"（贫穷）；有人比较"难"以理解，有人比较"易"于沟通；有人比较擅"长"，有人比较"短"缺；有人比较"高"贵，有人比较卑"下"；有人负责主"音"，有人伴随和"声"；有人超"前"，就有人落"后"。

这不是现象的因果，而是心知观念的同时成立。此街头万象，在心知执着与人为造作的推波助澜之下，已将人间裂解为两个截然不同的世界，人生的困苦在此。

是以圣人处无为之事，行不言之教。

圣人处天下事，也行教人间，天下纷扰与人间困苦，可能来自在位者的"有为"与"多言"，故圣人处天下事，首要在于"无为"，行教人间，根本在于"不言"。"不言"，即"无心"；"无心"，即"无为"。"不言"，即无掉美丑、善恶的执着分别;"无为",即无掉高下、长短的人为造作。那么天下的纷扰,即可消散,人间的困苦,亦可远离。

万物作焉而不辞,生而不有,为而不恃,功成而弗居。

"作",犹农作物成长;"不辞",他本作"不为始"。"辞",可当"言辞"与"推辞"解,而言者有心,"不辞"即无心;推辞即有为,不辞即无为。无心无为,即不加干预、不做主宰之意,故可解为"不为主",与"不为始"义理相通。"万物作焉而不辞,生而不有,为而不恃"这三句话,与第十章及五十一章"生而不有,为而不恃,长而不宰"对看比较,"万物作焉而不辞"等同于"长而不宰"。

"万物作焉"即是"长","不辞"解为"不为主",也就是"不宰"。这一"不有""不恃""不宰"的自我解消,总的来说就是"功成而弗居"。生、为、长,是"功成";不有、不恃、不宰,是"弗居"。这是人生"有而无"的修养功夫,也是在放下中成全"无而有"的生命大智慧。

夫唯弗居,是以不去。

此句可与上句"功成而弗居"做一比较。"功成而弗居"

是"功成"在先,"弗居"在后,这是时间的先后;而"夫唯弗居,是以不去"却是"弗居"在先,功成"不去"在后,这是"形而上"的先后。

故最后一句,奇峰突起,由人生的修养,上升而为形上的体悟;原来,不居功才是真正的大功告成,这是由人生的修养功夫,体现了天道的生成原理。

第3章　虚心弱志的无为智慧

人间街头的名利,看似尊贵,实则虚幻。

不尚贤,使民不争;不贵难得之货,使民不为盗;不见可欲,使民心不乱。

是以圣人之治,虚其心,实其腹;弱其志,强其骨。

常使民无知无欲,使夫智者不敢为也。

为无为,则无不治。

不尚贤,使民不争;不贵难得之货,使民不为盗;不见可欲,使民心不乱。

这三句话,主语省略,看上下语文脉络,当指"君上"。"君上"引领天下人民,他不崇尚贤德的名号,天下人民就不会去争逐抽象的名号了;他不看重难得的财货,天下人民就不会去盗取身外的货利了。"不见可欲",此"见",念作"现",当"展示"解,有如商展橱窗的精品展示一般。君上的"尚"跟"贵",在天下人民的心中,构成了"可";"可欲",是可以拥有贤名与货利的想望与预期。

此与《孟子》"可欲之谓善"的义理大不相同。孟子所说的"可",是良知、本心的认可;欲求通过"良心"的检验、认可,那就是"善"。老子所说的"可",是心知执着的预期,人心会因期盼、痴狂而大乱。故君上不崇尚、不看重、不展示并消解天下人心知执着的"可",民心就不会纷扰混乱了。

是以圣人之治,虚其心,实其腹;弱其志,强其骨。

理想的圣人,有别于现实的君王,要做修养的功夫;而功夫,在心上做。因为"尚"贤、"贵"货的"现"可欲,皆是君王的有心、有为。"虚其心,实其腹;弱其志,强其骨",这四个"其"字,都指涉圣人自身。

"虚其心",是虚掉自己的心知,"弱其志",是削弱自己的意志;因为心知一起执着,意志一定跟进,且志在必得会带出人为造作,误导天下人民,走向争逐贤名、盗取货利与在"可欲"中心乱的不归路。

"实其腹"与"强其骨",是因"虚心""弱志"的消解和放下,而朗现生命的自然;天下本无事,就可以在"日出而作,日入而息,凿井而饮,耕田而食"中,腹自然实,骨自然强,也就是解消人为造作,而回归天生自然。

常使民无知无欲,使夫智者不敢为也。

在圣人自身"虚心""弱志"的引导下,一者要让天下人民无知无欲;二者要让才智之士不敢有为。唯"使民无知无欲"与"使智者不敢为"之说,引来指其为愚民思想与反智之论的质疑。实则,"无知"是由圣人的"虚其心""弱其志"而来;君上、下民一起"无"掉心知的执着与人为的造作,既非愚民,也非反智,而是心灵的修养。"无欲"是由圣人"实其腹""强其骨"而来,"无"掉心知对欲求的干预与助长,腹骨之生理欲求因"无知"而归于自然的真实与坚强。

"欲"不可能"无",又何须"无",所"无"的是心知的介入与人为的干扰;故"无欲"当从"无知"说,从"无知"说"无欲",消解君上抛落人民心中的"可",没有渴望的急迫感,也没有预期的时间表,"欲求"就不会成为生命的负累。

"使夫智者不敢为也",才智之士,精明能干,满怀优越感,而心存傲气,不甘平淡过一生,老想冲出一番新局面。此由有心而有为,暴冲而出;"敢"是心知执着与人为造作交错而成的综合体，说是敢作敢当，终究害了自己，也伤了天下。

为无为，则无不治。

圣人处天下事，当然要"为"；不过，所为的是"无为"。"无为"不是什么都不为，而是无心地"为"、自然地"为"，让天下人民与智者，都在君上的"无为"中"无不为"。圣人看起来好像什么都没做，实则什么都做了。一国上下，皆回归天道自然，人人自在，人人自得，不是"无不治"了吗？"无不治"就是人人活出真实的自己，而天下归于平治。

统观《道德经》前三章，由形上道体，开启天下价值观，并构成人间政治论。圣人不"尚贤"，天下不"知善"，人民就可以从"可道"中，回归"常道"了；圣人不"贵货"，天下不"知美"，人民就可以从"可名"中，回归"常名"了。

首章开讲形上学，二章反思价值观，三章则落实政治论。这三章义理的统贯，堪称整部《道德经》的总纲。

第4章 和光同尘的冲虚道宗

道体是虚的,永不会掏空也不会爆满。

> 道冲,而用之或不盈;渊兮似万物之宗。
> 挫其锐,解其纷,和其光,同其尘。
> 湛兮似或存,吾不知谁之子,象帝之先。

道冲,而用之或不盈;渊兮似万物之宗。

"道体"生成万物,所以说"道"是万物的宗主;宗主是生命之所从来。问题是,"道"凭什么可以生万物?此生成原理何在?老子给出的究极解答,是道体冲虚。

就因为"道体"是冲虚的"无",它"无"了自己,而"有"了万物。"用之或不盈",就是"无"所显发的生成妙用;"妙"用在它的又"无"又"有"的"玄","不盈"是不会盈满。《庄子·齐物论》说"道体"是"天府",冲虚无限,而奥藏万物。一者"注焉而不满",二者"酌焉而不竭",水不断地注入,它不会满溢;水不断地流出,它也不会枯竭。此两面说,较为完整。因为只说"不盈",而没说"不竭",透显不出"道体"冲虚的玄妙。以《庄子》解《老子》,似乎更为贴切。

挫其锐,解其纷,和其光,同其尘。

这四个"其"字,承上文而来,均指谓"道体"。"道体"的虚无妙用,落在人间的体会来说,就是"道体"要挫损自己的锋锐,同时也解开自己的纷扰;因为纷扰从锋锐来,锋锐有杀伤力,会逼出反感与对抗,引发人间的争端与纷扰。

此外,"道体"也要消融自己的光芒;同时,混同自己于尘土。因为,光环在身,自家神采飞扬,会让别人相对失色而黯然神伤。且"光"从"锐"来,"尘"从"纷"来,锋锐展露光芒,纷扰带来尘土。

人间世的情意爱恋与理想担负,皆有如尘土;问题在于,人生路上的尘嚣俗染,再不堪也得承受,总要通过;"同其尘"是人生处境的最佳写照。问何以能够如此?一者要"解其纷",自己才受得了,二者要"和其光",别人才愿意;不然的话,纷扰会打垮自己,光芒会逼走别人。人生路上同在同行,也就不可能了；而"解其纷"与"和其光"的源头，就在于"挫其锐"。"挫其锐"是"道冲"的"无"，"解其纷"与"挫其锐"是"用之或不盈"的"有"，此又"有"又"无"的"玄"，就可以生发"同其尘"的生成妙用。说"道体"是"万物之宗"的理由就在于此。

人生在世，总要有一番体悟，所有自己身上的光采亮丽，都是得罪人的，要心存歉意而内敛涵藏，可别卖弄炫耀，随意挥洒。因为，耽溺风华，独享荣耀，想"同其尘"，也回归无路了。

中国人吃茶，就在"茶艺"的美感品味间，体现了"茶道"。而体"道"功夫，不离"挫其锐，解其纷，和其光，同其尘"的心灵涵养。"挫其锐"要喝乌龙茶，忘掉我是一条龙，不说飞龙在天，而说人间哪里有龙？"解其纷"要喝武夷茶，解消武功，放下不平，就不会引来莫须有的纷扰。"和其光"要喝铁观音茶，因为观音会放光，迫使别人张不开眼睛，所以要用铁皮遮住自己的光芒，就不会刺伤别人的眼睛了。"同其尘"要喝普洱茶，普洱茶汤深浓如药汤，且体性温厚，而韵味深藏，人人可以喝，时时可以喝，不会伤胃，也不会睡不着，永远跟众生同在。人生路上，在品茗中修行，从喝乌龙到喝普洱，从没有自己到与众生同在，不就体现了天道的生成原理了吗？

湛兮似或存，吾不知谁之子，象帝之先。

"湛"，《说文》："没也。""道"不可见，也不可说；故首句以"渊兮似万物之宗"，来描述"道"如深渊般的深不可测。"没"也是不可见之意，上下两句说"道"，皆加上"似"之不定词，意谓虽看不到"道"，而"道"总在那里发生作用，所以说"似或存"。如同《论语》所云："天何言哉！四时行焉，万物生焉，天何言哉！"天从来没说过什么，但天地间四时不停地运行，百物也不停地生长，天何尝说过些什么，又何须说些什么！"吾不知谁之子"，我不知"道"从何而来，是谁生出它？实则，"道"是它自己存在的理由。"象帝之先"，"象"字，犹"似"字；"帝"，是造物主，指称的是"天帝"或"上帝"的人格主宰之天。

老子旨在点明，假如天地间有所谓"天帝""上帝"的话，那么我所体现的道体冲虚而妙用无穷的形上性格，总是比各家、各教的"帝"更先在。因为只有冲虚，才可能有无限的包容，而在奥藏中生发万物。

第5章 圣人不仁的放开自得

父母空出自己，给儿女成长的空间。

天地不仁，以万物为刍狗；圣人不仁，以百姓为刍狗。
天地之间，其犹橐籥乎！虚而不屈，动而愈出。
多言数穷，不如守中。

这一章，承上章"道体冲虚而妙用无穷"的体会而来。

天地不仁，以万物为刍狗；圣人不仁，以百姓为刍狗。

此言天地生万物、圣人生百姓的原理，就在于不仁、无心。依儒家的体会，生成原理在"仁"，而道家的独特体会，相对而言，则在"不仁"。"刍狗"是用草做成的狗，用以祭祀，礼成即被弃置，故引来负面的解读，以为天地冷酷无情，利用万物又抛弃万物；圣人也冷酷无情，利用百姓又抛弃百姓。实则，"不仁"，不是对"仁"的否定，而是对"仁"的超越。"仁"是"仁心"，"不仁"不是没有"仁心"，而是不执着于"仁心"。

"仁"有心，"不仁"则"无心"；"无"是"功夫"的字眼，"无"掉仁心的执着。因为"仁者"爱人；一起执着，爱就会在高贵中傲慢，人我之间的情爱天平，立即失衡。爱是担负，不免负累；被爱看似承受恩德，实则承受压力。负累的人悲壮，承受压力的人委屈；悲壮与委屈相遇，故人间情爱难成正果。除非不仁、无心，爱不再悲壮，也就没有了委屈；人间情爱，因化解的作用而得以成全。

这句话的诠释，引经解经，可得确解。四十九章云："圣人无常心，以百姓心为心。""圣人不仁"即"圣人无常心"，"以百姓为刍狗"即"以百姓心为心"，前者是修养的功夫，后者是开显的境界。故"不仁"不该是冷酷无情；"刍狗"，从草丛中来，回归草丛中去，不当有被抛弃的意涵。

"圣人无常心"，是圣人"无"掉了自己的执着与坚持；"以百姓心为心"，是圣人的心空了出来，百姓心就是圣人的心了。厘清了下半句，上半句的义理解读，也就豁然开朗了。

整段话可作如是解：天地是无心的，它放开万物，让万物自生自长；圣人是无心的，他放开百姓，让百姓自在自得。不论天地或圣人，都在"无"了自己中，"有"了万物、百姓，这是老子"不生之生"的大智慧。

天地之间，其犹橐籥乎！虚而不屈，动而愈出。

天下万物就在"天地之间"生成、长大，此天地生万物的原理，落在民间的体会理解，就好像橐籥一般。"橐"是旧时打铁铺的鼓风囊，空气随鼓风囊的伸缩，源源不绝地进入火苗上扬的炉灶，炉火纯青，铁匠锤打火红的生铁，打造出锄头、圆锹、柴刀等用具。"籥"是洞箫、七孔笛等管乐器，竹管中空，竹管上挖了几个气孔，吹奏时，不同的气孔发出不同的音阶乐声，串成一首有节奏、有旋律的乐曲。

此打造农具与吹奏乐章的生成原理，依老子的体会，就在于虚无的妙用。"虚而不屈"，"虚"是中空，"屈"念成"竭"；"橐籥"虽虚而不竭。此不竭尽的妙用，征验在"动而愈出"；"动"是鼓动、吹气，"愈出"是炉火上冒、乐曲悠扬。鼓风囊与七孔笛，中空是"道体冲虚"；"不竭"与"愈出"，则是妙用无穷的展现。

多言数穷，不如守中。

此句则是这一生成作用的人间体悟。"多言"是由有心而有为,既是心知执着,又是人为造作;"数穷"是必穷之数。"数"是人间的定数,此定数牵动福报。

世俗民间,碰上灾情苦难,无可奈何,总说是冥冥之中,自有定数;实则,此中没有什么神秘可说。

扭转之道,就在于从"多言"中,转向"守中";"中"是"冲虚",如同橐籥一般,要守着自体的冲虚,在"不竭"中,显发"愈出"的妙用。反之,若落在"多言"的执着造作中,执着、自困,而造作自苦,所以说,"不如守中"。"多言"的自困、自苦,当然远不如"守中"的自在、自得了。

第6章　谷神不死的生养本根

山谷中空，给出生养花草树木跟鸟兽虫鱼的空间。

谷神不死，是谓玄牝。
玄牝之门，是谓天地根。
绵绵若存，用之不勤。

谷神不死，是谓玄牝。

牝者，母也。谷神，是谷中央的无。谷本是有形的，而神是无形的，谷的无形作用叫"谷神"。"不死"即常在，"谷神不死"，谷中央那个无形作用是常在的。为什么呢？因为山谷中会有花草树木成长，而且是四季常青、生生不已的。但是山谷中为什么会有花草树木的生生不已？因为山谷是空的，才有余地容受那些草木的存在，让它生长。假如山谷用尘土把自己填满的话，草木就没有存在、生长的空间了。所以山谷之所以成为山谷，可以生成花草树木的生命，那是因为山谷本身是空的，所以山谷中央的"无"叫谷神，"谷神不死"就是它的生养作用永不止息，这叫"玄牝"。

玄牝是指天地万物的生养之母。"玄"代表形而上。人间子女也得靠母亲的生养，才能子孙绵延、世代相传。这个"母"就是人间的"母"，是一般的"牝"，不叫"玄牝"。玄牝是指天上的母亲，"玄"是讲形而上，它用山谷中的"无"，来说道无形的生养作用。人间的母亲，不"玄"，故生养作用不能长久；但这个生养之母，是在形上的层次来说，而不是就万物的母子关系说。专就天地万物的总体来说，道作为天地万物的生成之母，是因为道的"无"具有玄妙奥藏的作用。"谷神不死，是谓玄牝"，就等于第一章所谓的"有，名万物之母"。

玄牝之门，是谓天地根。

玄牝就已经是天地万物的生养之母了，为什么还要说"玄牝之门"？老子把形而上的道体说为二："谷神不死，是谓玄牝"，是讲"有"；"玄牝之门，是谓天地根"，是讲"无"。这个玄牝的生养作用从玄牝之门来，"门"是指所从来的意思，"玄牝之门"，意谓"玄牝"所从来的根源之地。

"有"的"母"从什么来？从"无"的"始"来。"有"是生养作用，显然还有生养作用所从来的根源，这个根源是什么？是"无"。"有"是什么？相当于儒家的"仁"；"无"是什么？就是老子的"天地不仁""圣人不仁"。他认为有"不仁"的作用，心不执着于"仁"，才能实现"仁"的德行。"玄牝之门，是谓天地根"，就等于第一章所谓的"无，名天地之始"。

这一章上下文要能通贯下来，一气呵成，一定要通过道"有""无"的两面相来说，否则"谷神不死"已经是玄牝，已经是形而上的生成之母了，哪还有更高一层的"玄牝之门"呢？岂不变成了形而上上吗？形而上的道体只能是一，老子却说成二，他说玄牝就是天地万物的生成之母，已是形而上的生成作用，怎么还会有一个比生养之母更高的存在？这在形而上学中是不可理解的。

绵绵若存，用之不勤。

事实上老子是把形上道体析而为二：天地万物是从道的生成作用来，再问道如何可能生养万物？因为它本身是空、是无。谷之神就是空、就是无，老子用"谷神不死"来说天地的生养作用，而这个生养作用怎么可能形成？因为它是"无"才"有"。道是"绵绵若存"的"无"，才有"用之不勤"的"有"。

　　人是会累的，就是你最喜欢的人，心一起执着，感情即由担负转为负担，那就会累。所以要"绵绵若存"，说有还无，它的作用才能永不衰竭，才会长久。不劳累才会长久，怎么样不劳累？就是无心。有心的人都会疲累，儒家就是通过心来担负万物百姓，老子发现这样的话，你会累，怎么样才不累呢？"绵绵若存"是无，"用之不勤"是有。绵绵若存，是若有若无，不执着，不滞陷；用之不勤即用之不劳，大用流行而永不劳累。

　　我们经常会被责任、爱心压垮，有些人也会在我们的爱心中被扭曲了。我对他的寄望很高，对他的期许很大，让他承受压力，这样的话，对他来说就很累；不如我把你忘了，你把我忘了，就不会互相牵累，这叫无，叫放开。天地不仁、圣人不仁，就是无心相忘。彼此绵绵若存，就可以大家用之不勤了，因为绵绵不劳累，才能令其用长久。

第7章　天长地久的无我成全

天地没有自己，才可能长久地生万物。

天长地久。

天地所以能长且久者，以其不自生，故能长生。

是以圣人后其身而身先，外其身而身存。

非以其无私耶，故能成其私。

天长地久。

此意谓天地生成万物的作用是永不停息的。"天地"在《道德经》之不同语文脉络中，一者与万物联结在一起说，如"无，名天地之始；有，名万物之母"（一章）。此言道体的"无"，可以作为天地万物的根源之始，道体的"有"，可以作为天地万物的生成之母，天地是总称，万物是散说，皆属现象层次。二者象征道体的生成作用，如"天地不仁，以万物为刍狗"（五章）。此言天地无心，放开万物，让万物自生自长。此天地超越万物之上，作为万物的生成原理。天地属本体界，万物属现象界，故二者层次不同。此章说天地长久，当然是就本体界说，因为现象界皆在变化流转中。

天地所以能长且久者，以其不自生，故能长生。

此从天长地久的论定，再进一步问，天地能长久的理由何在？"所以"的"以"，一者当"用"解，二者当"因"解，此非现象因果的串连，而是问天地自身能够长久的理由何在，或根据何在，此根据是超越根据，说的是生成原理。故"长生"不是指涉天地本身的长久，而是说天地长久地生万物，此生成原理何在？答案是"以其不自生"，"以"当"因"解，"其"指天地，只因为天地不自生，"自"是天地本身，不把"生"封限在自身。"长生"是道体的"有"，"不自生"是道体的"无"，天地象征道体的生成原理，原理就在于天地没有自己，不自外于万物，不封限于自己，与万物同在，才可能给出生长的空间，长久地生万物。此"不自生"，如"上善若水"的"几于道"，因为水没有自己，才可能长久地往下流，"处众人之所恶"，在体现道中生万物。

是以圣人后其身而身先，外其身而身存。

此由天地生万物的原理，再落实到人间，说圣人生百姓的原理。且天地能长久地生万物，圣人也要能长久地生百姓。依老子的体会，生成原理在于"不自生"的"无"，而生发"长生"的"有"。圣人"后其身而身先"，是把自身放在最后面，却可以有自身反而在最前面的妙用；圣人"外其身而身存"，是把自身放在最外围，却可以有自身反而在最内里的妙用。这一说法，显然通不过经验的验证。搭公交车时，你排在队伍的最后面，后其身未见身先，一定身后；两军对阵，站在最外围的人，等同于冲上第一线，外其身未见身存，且一定身不存。故用圣人生百姓的价值观点来解读这一句话，圣人把自身放在最后面，那就是百姓都在被照顾的前头，圣人把自身放在最外围，那就是百姓都在被保护的内里。此百姓身先、百姓身存，百姓得到照顾与保护，百姓身先等同于圣人身先，百姓身存等同于圣人身存。故圣人生百姓的原理，就在于"后其身""外其身"的"无"，实现了"身先""身存"的"有"，人间价值的"有"，生于圣人修养的"无"。此圣人的"后其身""外其身"，就是天地的"不自生"，圣人的"身先""身存"，也就是天地的"长生"了。

非以其无私邪，故能成其私。

"私"依上下文的语文脉络来看，就是"不自生"的"自"，与"后其身""外其身"的"身"，合而言之，"私"指自身而言，而非与"大公"相对的"自私"，否则，以因果关系来解读，"无私"是为了"成其私"，"无私"仅是伪装或做秀，"成其私"才是目的，那老子思想不就难逃权谋家的封号了吗？就因为天地无私、圣人无私，天地没有自己，圣人没有自己，此没有自己的"无"，是修行的字眼。天地自我解消，圣人也自我解消，故"成其私"是"无私"之修养功夫所开显的境界。此"成其私"是完成了天地之所以为天地、圣人之所以为圣人的生成作用。

纵观全章，从天地的"不自生"故"能长生"，到圣人的"后其身而身先""外其身而身存"，而总结出世俗说法的"以其无私，故能成其私"，都是对形上道体之体会、体验，而体证、体现的修养进程，并不是落于权谋算计的现实思考。

第8章　上善若水的处下不争

水在最卑下的地方，做最高贵的事业。

上善若水。

水善利万物而不争。

处众人之所恶，故几于道。

居善地，心善渊，与善仁，言善信，正善治，事善能，动善时。

夫唯不争，故无尤。

上善若水。

上善之人的生命人格，就像水一般，此以"若水"来说"上善"，就道家而言，无心自然为善，故上善之人指涉的内涵，端在最无心而自然的人。依道家的体会，"水"正是无心而自然的精神表征。

水善利万物而不争。

水的存在，可以润泽万物，何止润泽，根本就是生成。没有水分，万物就干枯而死，故云水利万物。那"善"在何处？在于水利万物而不与万物争。水之善在于水无心，尽管水利万物，却不放在心上，有如"功成而弗居"（二章），"功成"在"利万物"，"弗居"即"无心"，不居功也就不争了。"争"的依据就在于"功成"，既"弗居"也就可以放下，而不与万物争了。故水利万物的"善"，就在于不争。

处众人之所恶，故几于道。

水性就下，水自然地往下流，而处在众人所厌恶的低下卑微之地。孔门弟子子贡就说："纣之不善，不如是之甚也。是以君子恶居下流，天下之恶皆归焉！"（《论语·子张篇》）普天之下的每一个人，都力争上游，而不愿处在下流之地，因为所有的尘垢污染都往下游汇集。商纣王就是一个最好的例子，千古的骂名几乎都集于他一身，实则他并没有坏到如此不堪的地步！

问题在于，何以"处众人之所恶"，就可以"几于道"？

"几"当"近"解,"几于道"即"近于道",近于道的生成作用在于,"道"没有自己,而给出万物成长的空间。就如同"天地不仁",不仁、无心,放开万物,让万物自生自长,"水"也没有自己,无心、自然地往下流,就待在最低下的地方,但同时滋润万物,也生成万物。"处众人之所恶",是"无";"生成万物",则是"有",水又"无"又"有",不就是道的玄德吗?所以说"几于道"。

水无心,不知自己往下流,所以不会有委屈感,也不会逼出悲壮感,因而不会抗议天下人对自己的不公平,也不会逃离自己的水性下流。就因为无心不知,无分别也不计较,才可能永远地往下流、永远地生万物。也就是"以其不自生,故能长生"(七章)。水就在最卑微之地,做最高贵的事业。庄子以"每下愈况"来解说"道"的"无所不在",说在蝼蚁,在梯稗,在屎溺,在越卑下的地方,越能显现道的高贵(《庄子·知北游》)。水一如道,它的高贵就在于生成万物,不是它卑下,而是它承担卑下。

居善地,心善渊,与善仁,言善信,正善治,事善能,动善时。

上善若水,因为"几于道",人生要走"上善"而"几于道"的路,而"善"在于无心、自然,所以要居处于自然无为之地,心守于自然无为之渊,与人于自然无为之仁,言语于自然无为之信,为政(政者,正也)于自然无为之治,事尽于自然无为之能,动宜于自然无为之时。此言上善之人的人格行谊,不论居处、心思、待人、言语、为政、处事、行动,均能无心自然,没有执着,也没有负累,放下自己,而与世无争,在"不自生"中,长久地生万物,这样的道行,不就是在人间体现了"道"吗?

夫唯不争,故无尤。

就因为不跟万物争,所以万物也就无怨尤。人间恩怨交错、爱恨纠缠,就在于用最高贵的爱,跟自己所爱的人争,看谁更爱谁,看谁更辜负谁,"爱"成了"争"的利器,所以人间相爱的人,彼此伤害最深。不执着,爱就不会成为自我的负累,也不会造成对方的压力。伤痛就此远离,何止无怨尤,根本就可以修成正果了。

第9章 功遂身退的天道自然

满堂金玉守不住,锐利傲气保不了。

持而盈之,不如其已;揣而锐之,不可长保。
金玉满堂,莫之能守;富贵而骄,自遗其咎。
功遂身退,天之道。

持而盈之,不如其已;揣而锐之,不可长保。

持有而满溢、泛滥出来,不如放手停下来。你持有什么名利、掌握什么权势而让它满溢且泛滥的话,不如让它止息。"揣"是锤炼、敲打的意思,"锐"是锐利。你不断锤打,使它尖锐,是不可能保存长久的。所以一定要"挫其锐",因为锐利的锋芒是保不住自己的。

金玉满堂，莫之能守；富贵而骄，自遗其咎。

为什么"持而盈之，不如其已"？因为"金玉满堂，莫之能守"。"持而盈之"，就是"金玉满堂"；"不如其已"的理由，就在于"莫之能守"。"骄"是傲慢，"咎"是灾害，骄就在于它的锐利锋芒；"富贵而骄"，就是"揣而锐之"。何以谓"自遗其咎"，就因为它会带来"不可长保"的后果。

功遂身退，天之道。

天道是就两层说的，一方面它要功遂，一方面它要身退，而天道就是"有"跟"无"的"玄"，既是化解作用的"无"，又是作用保存的"有"。天之道，功遂而身退，所以它不会金玉满堂，不会富贵而骄；它持有而不会盈满，它锤打自己但不会过于锐利，"功遂"即"身退"。一般人功遂即居功，而且要高人一等，且要代代相传，所以"莫之能守"，所以"自遗其咎"。"功遂身退"就是"功成而弗居"，"身退"所以"功遂"，本来是"功遂"才"身退"，"功成"才"弗居"，道家一转，变成"身退"才"功遂"，所以"无"的根源意义立即凸显出来。人生修养是"功遂"就"身退"，形上玄理是你"身退"了才"功遂"，"弗居"了才"功成"。"无"本是化解、洗净的作用，一转而成形上的实现原理。本来"有"是"体"，"无"是"用"，"无"的作用成全"有"，这叫作用的保存。老子即用以为体，"无"反而是"体"，"有"才是"用"。

在德行实践上，是"生"了才"不有"，老子的形上思考一转而为"不有"才"生"，所以"无"的层次比"有"高。"弗居"所以"功成"，"夫唯弗居，是以不去"，"不去"是功不去，功长在，所以"无"本来是化掉"有"的执着，已经"有"了，说"无"才有意义。我功成了，我把它忘了，我担负过，又把它放开了，从放开说成全，这是人生修养往形上智慧的飞越。老子的形上玄思，就在于因为"弗居"，功才不去，"无"往上升，成为形上道"体"，"有"转成它的"用"。

所以老子的智慧，在于透显让"有"成为"有"，让"功"成为"功"的形上原理；老子发现"无"了才"有"，"弗居"了才"功成"，"身退"了才"功遂"。所以"无"比"有"更根本，"无"才是"体"，"有"转成"用"，"有"已存在了，才要把它消化掉，担负才要消解。通过"无"的化解，"有"才真正成为"有"，通过"不仁"的放开，圣人才真正成为圣人，天地才真正成为天地。天地生万物，如何生？"生而不有"，因为"不有"，所以能"生"，以"不有"的方式去"生"，天地不能据万物为己有；若天地据万物为己有，就没有生万物；没有生万物，天地就不是天地。放开万物，让万物自生自长，天地才是天地。"弗居""身退"才是根本，而"功成""功遂"是通过"无"而实现的"有"。由此吾人可说，"不仁"了才"仁"，儒家的"仁"，还有待道家的"不仁"来化解，才能得成全。所以吾人可以说，道家思想是儒家实现原理的实现原理。

第10章　生而不有的天门玄德

洗涤心的尘垢，回归气的自然。

载营魄抱一，能无离乎？
专气致柔，能婴儿乎？
涤除玄览，能无疵乎？
爱民治国，能无知乎？
天门开阖，能为雌乎？
明白四达，能无为乎？
生之畜之，生而不有，为而不恃，长而不宰，是谓玄德。

载营魄抱一，能无离乎？

人的生命，此身乘载有魂魄，有物质性的气魄，有精神性的精魂。气魄是物质性的，而精魂是精神性的。人有知觉、有感动，这是属精魂的作用，而此身承载有精魂和气魄。"抱一"是就此两者合在一起的此身而言，指此身"抱一"。这一句话先说此身是载有魂魄的存在，再说此身要"抱一"；一就是德，就是有；德是人得之于道的德，每个人得之于道的生命本真叫德。我们会失落我们的德，当我们追求名利的时候，当我们在人间奔竞、天涯流浪的时候，我们就会走离我们的"一"，所以载魂魄的此身，要能够回抱我们自己的"一"。意思是我们的生命要怀抱这个"一"，"一"就是生命的真实，是人得之于道的德。

但是这个道跟德是同质同层，就好像性的理和天的理一样。天是一个仁，圣人是一个仁，只是天理没有"气"的混杂，而人性的理却落在"气"中，圣人变换气质，让气质之性顺应义理之性而流行运转，才能称为圣人。有气禀的混杂，生命就不能如理而行，圣人的修养把气质净化，最后跟天理流行一般，没有滞碍，所以说"唯天为大，唯尧则之"，只有天最崇高伟大，也只有尧能上与天齐，且因为天不必在人间做人，而尧却要在人间做人，圣人的艰苦与庄严，由是可见，也由此确立。无离就是抱一，能不离开生命之德的"一"吗？魂魄要能不离，已然不易，更根本的是载魂魄的此身，能够回抱自己的"一"吗？这个"一"是从道来的，人生的行程能不离开这个"一"吗？你能够不离开真实的自我吗？

你能够回到生命的本真吗?

专气致柔,能婴儿乎?

"专"是专一,"专气"就是让气回归气,让气只是气;因为心知经常介入气质的活动,心知扰乱了气,介入了气,扭曲了气,助长了气。一箪食一瓢饮,这是气的自然,而山珍海味的执着则为心知。所以让气回到气,让自然回到自然,这叫"专气";而我们的心知,是人为造作,会助长、扭曲、鼓动、扰乱了气的秩序。人的生理官能有一自然秩序,如同日出而作、日入而息,是自然的时间表。由是而言,人对自然当心存敬意,人为造作是不能扭转乾坤的,要让自然回归自然。而气是就生命的自然清明说的,我们的生理官能,在心知的执着扭曲之下,心情的郁结困惑,会使人的生命失落自然;专气就是解消心知情识,使气清畅流行,这样的话,生命就自然归于柔和。我们之所以会有雄心壮志冒出来,是因为我们心知的执着鼓动了我们的血气,心知介入气,由助长而扭曲,生命就失去了柔和。气本是自然和谐的,人为反而干扰自然、破坏和谐,所以要取消心知,让气专一、不受干扰,气归于柔和,因而说"能够像婴儿一般吗"。婴儿的气是很专一的,他想哭就哭,说笑就笑,他周流不滞,变动无方,完全出乎自然。

老子以婴儿作为一个理想人格的象征，不是因为婴儿有何等高的修养与境界，而是因为婴儿还未脱离生命本身，还未加入人为的造作。倘若心知加进去，雄心壮志冒出来，看似坚强，其实是会受挫的。愈坚强的人愈容易受挫折，而且他会使出激烈的手段对抗挫折；柔和的人不易遭受挫折，所以不跟人决裂。

涤除玄览，能无疵乎？

"玄"是形而上，"玄览"（高亨注云："览，读为鉴，览、鉴古通用。"）是形而上地看，不是用我们的肉眼去看，而是通过一个无形的眼去看，叫玄鉴。既说玄鉴怎么还要涤除？涤除是洗涤清除，这是就心知说，就心落在知的层次来讲涤除。心知执着就产生成心、偏见，即所谓的先入为主，当然就看不到别人。所以你要把心知涤除，这样心就保有了玄鉴的能力；涤除是涤除心知的尘垢、心知的杂染，心知一杂多，我们就看不到人生的真相。我们倘若戴着有色的眼镜，外在世界就不免被套色了。我们把主观的执着涤除，心就恢复了形而上的观照能力，所以这句话的意义就是涤除心知的杂染、尘垢，而开发玄鉴的观照能力；涤除心的执着，令心恢复其形而上的玄鉴作用。"无疵"是无病，所以不是说连玄鉴都涤除不要了，而是有了玄鉴的观照能力，就不会因执着而陷溺，因心知而堕为情识；涤除就是洗涤心知的杂多、情识的尘染，心一虚静清明，就可以洞见照明。"能无疵乎"，是说如此生命就不会有病痛，不会那么艰苦了。

爱民治国，能无知乎？

前面三句讲的是内圣的修养。接着，"爱民治国，能无知乎？天门开阖，能为雌乎？明白四达，能无为乎？"则是让生命通向世界的外王事业。

无知才会无为，所以第三章云："使夫智者不敢为也。"智者自以为是智者，所以他有心有为，压迫天下人而不自知，你治国若真想爱民，还会把天下打散、弄乱吗？你能够无知吗？无心、无知才会无为，无心地爱民，无为地治国。

天门开阖，能为雌乎？

"天门"为天下人所从出，"开阖"为动变治乱之际，在世事转关的时刻，一定要无心无为，取消人为造作，回归自然，天下事自会化解于无形，这叫"能为雌乎"！王弼本经文作"能无雌乎"，是涉上下文而误，注文云："能为雌乎，则物自宾，而处自安矣。"万物宾至如归，也就随处可安了。在天下大乱、时代变动之际，最好守住自然无为的根本，为时代保存它的生命力。所以大乱底定之后，一定要用黄老治术，这叫休养生息，否则会越人为越混乱。老子说："治大国，若烹小鲜。"治一个大的国家，就好像烹小鱼一样；人一有为，天下一定大乱。在"天门开阖"的时代变动转关之际，每个人都要守住自己，清静无为。"知其雄，守其雌"，雄代表动，雌代表静，雄是有为，雌是无为；老子要我们守住这个雌、这个静。

明白四达，能无为乎？

道家的"明"跟"知"是两个层次，"明"就是内心显现光明，我们的心有显现光明的能力；"知"就是心知的执着，一个把标准定在自身的价值观念。"明白"就是说内心的清明，可以照显这世界，洞彻上下四方，你可以观其妙、观其徼。"明白"的"白"，当动词用，是"照"的意思，照显这世界的每一个角落。"能无为乎"，内心能显现光明，不必有为，就自然美好。你知道人为造作是多余的，你知道自然才是美好的，才能和谐，所以"明白"的观念在道家思想中是很重要的。"知道"跟"明白"这两个词在当代被通俗化了，所"知"在"道"，而"明"可以"白"。人生有道，是通过内心有明而来，内心有明是从涤除心知、情识而来；所以人生要无为，无为在无心，无心是不知。"不知"才有明，"知"反而不明。道家分"明"与"知"两个层次，"明"是无心的观照，"知"是有心的执着，所以此句当作"无为"较合理。你明知自然是美好、和谐的，又何必人为造作，去干扰、破坏呢？何必去吹皱一池春水，那又干卿底事？

生之畜之，生而不有，为而不恃，长而不宰，是谓玄德。

"生之畜之"，就道说是道生养万物，就圣人说是圣人生养百姓。通过圣人的修养，去爱民治国，去生养百姓，化成人民，以无为、无知来治国，无为而治，不增加人民的负担，不令人民困扰，就是爱民了。"玄鉴"可以说是"生而不有，为而不恃，长而不宰"的玄德。生而有，为而恃，长而宰，是世俗的德，人间的德。人间酬应，世俗往来，皆出以还报的观念。人我之间是相对的，他给我一分心，我还他一分心。生而有，为而恃，长而宰，像墨家，我爱天下人，天下人也当爱我，较为霸道；因为爱的同时，给出了如何回报的压力。所以人间生而有，为而恃，长而宰，是一般世俗的德；生而不有，为而不恃，长而不宰，这是玄德，是天上的德。所谓道德，是道的德，是天道的德，是玄的德。有而无才曰玄，一般只是生而有，为而恃，长而宰，有了再有，生是德，但它不玄；生而不有，为而不恃，长而不宰，它有而无，才叫玄德。

所以道家的玄德，是有别于儒家的道德，道德在儒家来说，是人生的道路在于德行，你要通过德行，才能拓宽人生道路，才是大道，故既是正道，又是大道。老子《道德经》所谓的玄德，是指天道的德，玄同于道的德，人的修养表现在体现天道，即叫道的德，因为"生而不有，为而不恃，长而不宰"的"生之畜之"，是圣人天道无心、自然地生养百姓，生养万物。生而不据为己有，为而不恃为己恩，长而不自居主宰，这样的话才是玄德。

全篇看来，是"无知""为雌""无为"，以这样的德来爱民治国，就是有如天道玄德，一般世俗的德总是生而有，为而恃，长而宰，能加了一个"不"，超越出来，就是玄德。道家独显"无"的智慧、"无"的境界，玄的德可以妙出世界来。所以说："玄之又玄，众妙之门。"人间的一切美妙，皆从"无"与"有"的玄门中生出来。

第11章　有利无用的人间妙道

"有"的实利从"无"的虚用中来。

三十辐共一毂，当其无，有车之用。
埏埴以为器，当其无，有器之用。
凿户牖以为室，当其无，有室之用。
故有之以为利，无之以为用。

三十辐共一毂，当其无，有车之用。

"辐"是"轮之辕也"，"毂"是"轮之心也"，此言车轮的结构，是三十根"轮之辕"，从车轮周边往"轮之心"凑集，车轮因整体均衡而稳定成形。车辆载运人、物的时候，要靠两轮同时转动并进。而两轮之所以能同时转动并进，原理在于轮心中空，可以让车轴插进其中，马力启动，两轮中间的横向车轴就可以带动双轮并进。此之谓"当其无，有车之用"，"其"指车轮，"无"指轮心中空，"当其无，有车之用"，就是因为这一中空的"无"，成就了车辆可以载运人、货的作用。

埏埴以为器，当其无，有器之用。

此河上本注云："埏，和也；埴，土也。和土以为饮食之器。"此"埏"当动词用，做"揉捻"解；"埴"是黏土。"埏埴以为器"，整句读下来，是以水和土，揉捻捏陶，做成茶壶或茶碗等茶具，器物自有器用；而陶器之所以能成其器用，就在于陶器中空，才能冲泡茶汤。"当其无，有器之用"，"无"在于中空，就因为在茶壶、茶碗中间预留了"无"的空间，才能有用以饮茶的作用。

凿户牖以为室，当其无，有室之用。

"户"是门户，"牖"是窗牖，开凿门窗，让阳光透入，空气流通，预留进出的门路，以做成居室。"当其无，有室之用"，"无"是中空，就因为居室中空，没有被建材、水泥塞满，才能有居室住房的作用。

此三段的表述形式与义理内涵，几无分别。从家居日用的生活经验去观察省思，从而找到了车辆、陶器、居室之成其物用的共同理则就在于"无"的空间。此由三者归纳而得的普遍原理，就在于"有之以为利，无之以为用"。

故有之以为利，无之以为用。

此意谓"以有之为利，以无之为用"，"有之"，指涉的是"有车之用""有器之用"与"有室之用"，故"利"在器物显发的实用；"无之"，指涉的是"当其无"的预留空间，故"用"在生成器物实利的虚无妙用。牟宗三先生以"有限的定用"说"利"；再以"无限的妙用"说"用"，整句解读下来，是"有限的定用"乃从"无限的妙用"中来，此"有之利"乃从"无之用"而来，正是老子"有生于无"之形上原理的人间说解。

第二章有云："功成而弗居。夫唯弗居，是以不去。""功成"在"有之以为利"，"弗居"在"无之以为用"，"夫唯弗居，是以不去"，则是"有之以为利"乃从"无之以为用"而来，故已由家常日用的现象观察，而悟出"有生于无"的形上原理。

再以"金玉满堂，莫之能守；富贵而骄，自遗其咎"（九章）为例，满堂金玉与权贵傲气，是"有之以为利"，问题在于，这些不仅持守不住，还会带来灾难，所以要"不如其已"，以"无之以为用"来化解天下人的不平怨气。此"功成身退"

的修养智慧，也就是道体本身是"无"的人间体现了。

总说，"有之"带来实利，然总要"无之"的"虚用"来作为"实利"的背后支撑，也就是以"无"的虚用，来成全"有"的实利。

第12章 五色目盲的人为造作

痴迷热狂的奔竞争逐,无不以冷酷的猎杀收场。

> 五色令人目盲,五音令人耳聋,五味令人口爽。
> 驰骋畋猎,令人心发狂;难得之货,令人行妨。
> 是以,圣人为腹不为目,故去彼取此。

五色令人目盲,五音令人耳聋,五味令人口爽。

此言人为造作的五色、五音、五味,会让人失去天生自然的本能官觉。目为之盲,耳为之聋,口为之爽,"爽",王弼注云"差失也",当"失"解,"口爽"是失去本来的味觉。

就天生本能的官觉而言,目是用来看五色的,耳是用来听五音的,口是用来品五味的,怎么会翻转颠倒,说五色会让人目盲,五音会让人耳聋,五味会让人口爽呢?就天生自然的官能本身来说，视觉越用会越清明，听觉越用会越聪敏，味觉越用会越爽利才合理，怎会适得其反，痛失本能的官觉呢？

故五色、五音、五味的"五"，不可能指天然本色、天籁真音与土生原味而言，而是指心知执着与人为造作的假象、幻音与变味。此为走离天生自然的本色、真音与原味，而以人为加工，利用现代科技，制造声光音效，给出迷离幻觉，甚至爆破性的震撼，来炒热气氛，"骇"到最高点。烹调重口味，如麻辣锅，说是挑动味蕾，实则过度刺激，迫使官觉由迟钝而衰退，再由衰退而麻木。麻木则更需刺激，刺激就更麻木，最后导致失去感觉。由此说，令人"目盲""耳聋"与"口爽"。

现代人在失去感觉之后制造感觉，吸食毒品以悟空，吸大麻以迷幻，还有安非他命，都说安他，实则非命，此为当代街头人为造作之最，何止失去官觉，根本是存在的迷失与价值的失落。

驰骋畋猎，令人心发狂；难得之货，令人行妨。

"驰骋"是冲上街头打天下，争逐名利，更奔竞权势。所谓"难得之货"，当指名利权势而言。何以说是"难得"，因为大家都想逐鹿问鼎，面对激烈的竞争，只好各凭手段，最后以"畋猎"收场。此不是指猎杀飞禽走兽，而是指猎杀人头，"令人行妨"是妨害人生的日常之行。

此从家居日常之五色、五音、五味的执着造作，变质而为对名利权势之类"难得之货"的痴迷热狂，生命的病痛也由生理官能的目盲、耳聋、口爽，恶化而为精神官能的"心发狂"。生命由执着、痴迷，冲向热狂，最后归于冷酷。冷酷无情的猎杀，何止让人间成了战场，心灵也是战场。人性在此因扭曲而沉落，人不是人，心也不是心了。既伤了天下，也害了自己，人间再无干净土，生命也失去了心灵这个最后的凭据。

是以，圣人为腹不为目，故去彼取此。

"是以"是因此，圣人生百姓之道，就在于"为腹不为目"，"腹"指内在本有的真实，"目"指外在流转的声色，"为腹"是指回归自我的天真朴实，"为目"是指追逐外在的声名货利。此第三章云："虚其心，实其腹；弱其志，强其骨。"解消心知的执着与意志的造作，而回归生命自我的真实美好，心志操控总流于虚幻而脆弱，腹骨自然却真实而坚强。所以，圣人治理天下，要去"为目"的"彼"，而取"为腹"的"此"，在"虚心""弱志"中，"常使民无知无欲，使夫智者不敢为也"（三章），普天之下的每一个人，皆无心无知、无为无欲，天下还有不平治的吗？

第13章　宠辱若惊的贵身大患

想得到天下恩宠的本身,就是一生绝大的屈辱。

宠辱若惊,贵大患若身。

何谓宠辱若惊?宠为下,得之若惊,失之若惊,是谓宠辱若惊。

何谓贵大患若身?吾所以有大患者,为吾有身;及吾无身,吾有何患?

故贵以身为天下,若可寄天下;爱以身为天下,若可托天下。

宠辱若惊,贵大患若身。

"宠"是恩宠,"辱"是屈辱,"惊"是惊恐,"若惊"是皆惊之意,人生在世,是得到荣宠,还是承受羞辱,皆由外在决定，所以带给自身的总是惊恐。"贵大患若身"，当是"贵身若大患"，为了押韵，而上下做了调整，"贵身"是使自己高贵，"若大患"是等同于大患，因为，"贵身"要往天下寻求，希望天下的恩宠集于我身，而天下是天下人的天下，你要的名利权势，别人也想要，此之谓打天下。打天下即面对天下人的竞争，从而也就背负了天下人的压力，而这样的患累，是永远不会止息的，所以说是大患。故两句话看似各自表述，实则牵连在一起，"贵身"寻求恩宠，而恩宠带来惊恐，惊恐也就是大患了。

何谓宠辱若惊？宠为下，得之若惊，失之若惊，是谓宠辱若惊。

首段标示两大主题，底下则分别说理。"何谓"是"怎么说"，也就是要如何证明此说成立。理由就是"宠为下"，意谓想要得到天下人恩宠这件事本身就是对自身绝大的屈辱，因为自己挺立不住，往外求取攀缘，甚至投靠权贵，对自我的尊严、荣耀是严重的伤损，所以说是人格的卑下。有人困惑不解，随己意妄改经文，说是"宠为上，辱为下"，那"宠辱若惊"要如何理解？"得之若惊，失之若惊"，求取恩宠荣耀，只有两个可能，一是得，一是失，而得失在人不在我。既不是我所能决定的，那么任何结果都会无可避免地带来生命的惊恐。故得失皆惊恐，惊恐等同于屈辱，所以说想得到天下人恩宠的本身，就是卑下的。由此证明"宠辱若惊"之说，理论上可以成立。

何谓贵大患若身？吾所以有大患者，为吾有身；及吾无身，吾有何患？

"何谓"意谓要如何证成此说，贵身就是大患的理由何在？"吾所以有大患者"，"以"当"因"解，指生命自我会有"大患"的理由，"为吾有身"，就因为我"有身"。"有身"不是说我有形体的拘限，而是说我的心知执着了自我，也背负了自我，要让自己高贵，也要让自己富丽，高贵靠权势，富丽靠名利，名利权势在人间街头，从而也就逼着自己去打天下。而天下如此之大，天下人如此之多，岂不是会成为自身最大的负累跟压力吗？"及吾无身，吾有何患"，等到那一天，"无身"不是说我不要此身或失去自身，而是说我的心知解消了对自身的执着，不以自我为中心，也不自我膨胀，不求自身的高贵与富丽，也不用去打天下，不受权势的羁绊与名利的牵引，放下不就自得了吗？所以说吾有何患。由此证明"贵大患若身"之说理上可以成立。

故贵以身为天下，若可寄天下；爱以身为天下，若可托天下。

此章皆以自我与天下做出对比，因为人生就是自我活在天下，"贵身"在自我，"大患"在天下，问题在于，天下的贵、天下的爱是靠不住的，甚至是带来屈辱的，且难逃卑下的自我批判。"贵以身为天下""爱以身为天下"，即"以身为贵于天下""以身为爱于天下"，意谓以为自身比天下还高贵，以为自身比天下还可爱；"若可寄天下""若可托天下"，《庄子·在宥篇》引此文，"若"作"则"，上下文贯通求解，指自身比天下还高贵、还可爱，意即天下对自身而言是多余的，是不必要的负累。像这样不要天下、不要名利权势的人，就可以将天下的重任寄托在他的身上了。

原来，一个不要天下的人才可以担负天下的重任。若为了让自身高贵，而向天下求取名利权势，其自身背负大患、承受屈辱之余，唯恐他在打天下中伤害了天下。因为他会以天下为舞台，以天下人为道具，演出一场他自身的独角大戏，进而宰制天下。由是而言，真正的贵身，真正的爱身，是回归自我，活出天真。

第14章　执古御今的古始道纪

通过耳目官能，永远问不到道体是什么的究极解答。

视之不见名曰夷，听之不闻名曰希，搏之不得名曰微，此三者不可致诘，故混而为一。

其上不皦，其下不昧，绳绳不可名，复归于无物。是谓无状之状，无物之象，是谓惚恍。

迎之不见其首，随之不见其后。执古之道，以御今之有：能知古始，是谓道纪。

视之不见名曰夷，听之不闻名曰希，搏之不得名曰微，此三者不可致诘，故混而为一。

"搏"为触觉，通过目视、耳听、手触，都不能捕捉"道"，也不能感受"道"。通过官觉，不能感受它的存在，这就是说"道"不是一个可以感知的对象,因为官觉的对象必须是一个有形、客观的存在。有形的物,才可以用我们的官觉去看它、听它、碰触和感知它。这三句话即说不能通过官觉的印象去捕捉它,"道"不是我们的感官可认知的对象。"致诘"即探问它的究竟,你不能通过这三种方式去探问它的究竟,这是不能通向"道"的。因为"道"是浑然一体的,"道"是超越的,"道"没有时空相;它不是在时间、空间坐标里的某一个物体。

其上不皦,其下不昧,绳绳不可名,复归于无物。是谓无状之状,无物之象,是谓惚恍。

"其上不皦,其下不昧",意谓道没有上下之分,因为其上也不会光明一点儿,其下也不会昏暗一点儿;它的上面不会显得特别光亮,它的下面也不会显得特别昏暗;意谓道是浑然一体的,无上下之分。假如它有上下之分,那我们便可以通过我们的感官去分别出来,视之可见,听之可闻,搏之可得了。

"绳"的初文是"玄","绳绳"是"玄玄",玄之又玄是指道的作用,叫圆成作用。它既是无又是有,所以叫"玄"。光"无"不玄,光"有"也不玄;它同时是有也是无,才说它玄;同时是无又是有。如此,无而不无,有而不有,是无而有,是有而无，这才玄妙。"玄玄不可名"，是道的生成作用，是无形的妙用，所以是无可名状的。"复归于无物"，道的生成作用，是带着万物回归它自身看似什么都不是的一体无别中。心有物就有事，就有负担；心无物就无事，就平静和谐。那个道的无形而不可知的生成作用，是带着万物回到它自然的平静和谐中。它本来就浑然一体，不显上下、前后、古今之分。

平静和谐的静，叫风平浪静，也就是无物；有物的话就有波浪、惊涛骇浪。所以道的无形不可知的作用，是带着万物回归到道自身什么都没有的平静和谐中，是谓"无状之状，无物之象"。"无状""无物"就"无"说，"之状""之象"就"有"说。不要认为它只"无"，它也是"有"；道体虽"绳绳不可名，复归于无物"，而一切生命就从这里面显现出来。在"无状"中有状，在"无物"中有象，在平静和谐中，一切生命都显现出来。无形的道会显现一切，在惚恍的生成作用之中，就道的作用来显道体，道的作用可以显现有状有象的万物，由此说道体是存在的。我在这里试图对道体进行描述，但它不是感官的对象，如何描述？所以就它的生成作用来描述，才会说它是无状之状、无物之象，是无中的有；说它玄玄不可名状，说它惚恍。惚恍是不能确定，确定就有定形。即通过道的作用来显它的体，通过道的生成作用，来显现道的形上实体。

迎之不见其首，随之不见其后。执古之道，以御今之有：能知古始，是谓道纪。

"迎之不见其首，随之不见其后"，意谓它没有前后之分；"执古之道，以御今之有：能知古始，是谓道纪"，执持古之道，就可以控御今之有，这是无古今之分，所以道是无上下、无前后、无古今的。上下、前后是空间，古今是时间，所以它没有时空相，没有时间和空间的差别相。因为它不是时空中的某一物，道是超越时空的形上本体，浑然一体，你是不能通过感官去捕捉它的，仅能通过修养去体现、开显，而不是通过感官去定住它的存在。

道贯古今，在儒家来说是人文道统；在老子来说是亘古以来的自然常道，你不必"统"，它自然"统"。儒家的"统"，一定要通过人文开展下来；道家不用，因为它是天地自然的常道，无分古今，千古长存。儒家的道统是通过中国人一代一代传下来的人文传统，道家是只要你回归自然，道就在那个地方统贯一切。

我们从而能知，自古以来的自然常道，像"日出而作，日入而息，凿井而饮，耕田而食"，也就是人生的轨道律则了。所谓历史文化、人文传统的存在，对道家而言没有多大意义。古之有即今之有，古之道即今之道，千古长在，且千古如一，所以能知古始就可以统御今之有，因为道贯古今啊！不是人文传承的统贯，而是天地自然的理序轨道。

第15章 微妙玄通的保道新成

体道之士的生命人格,是深远不可知的玄妙。

古之善为士者,微妙玄通,深不可识。

夫唯不可识,故强为之容。

豫兮若冬涉川,犹兮若畏四邻;俨兮其若客,涣兮若冰之将释。

敦兮其若朴,旷兮其若谷,混兮其若浊。孰能浊以静之徐清?孰能安以动之徐生?

保此道者不欲盈;夫唯不盈,故能蔽而新成。

古之善为士者,微妙玄通,深不可识。

"古之善为士者","善"就道家说,是自然无为,一个自然无为的体道之士、体现天道的修行者,他的人格就是"微妙玄通,深不可识"的,他的生命就像道一般深厚而不可知,难以描述。怎么说?"微"是"无","微"而后"妙",是"无"了才"妙",一个人能够放开名利,生命就有妙境。不"无"不能"妙",因为"执"就"着",执着就滞限,执着怎么可能有妙用呢?放开就"妙",空而后"灵","灵"即"妙",所以"无"而后能"妙";"妙"是"有","有""无"一起便成了"玄"。因此"无"而后"有","无""有"同在是"玄",也就可以生动灵通。"道"是"玄",所以可以通向一切,实现一切,这就叫"微妙玄通"。微而后妙,无而后有,有无同体而后玄;玄才可以通贯一切,通向众妙。"玄之又玄,众妙之门",众妙是指万有,万有是就万物而言。

夫唯不可识,故强为之容。

就因为它深远不可知,所以难以描绘它的真实;假如我们看得很清楚了,就可以如实、写实地来描述它,而且可以描述得很传神。相对而言,体道之士还可以描绘,道就无可名状了!因为体道之士是以一个真生命体站在我们面前,尽管深远不可知,但还是可以用勉力尝试的体会来描述。就因为不可识,一切形容都是强为之说,所以,不可执着。所谓形容,一定是就一个具体的形象来描述,而"深不可识"却是内在的性格。所以你的描述和它的内涵之间,即概念和实在之间,是有距离的。因此，试图用具体的形象来描述它内在的性格，不可能没有差距，所以说"强为之容"。

豫兮若冬涉川，犹兮若畏四邻；俨兮其若客，涣兮若冰之将释。

冬天过河，河上结了一层薄冰，"豫"是警惕之意，"犹"是多疑之意。冬涉川，畏四邻，用具体的生活感觉来理解体道之士的生命形态，他看起来好像很慎重，有如冬天车行于河道的冰层上；又好像很彷徨，有如四面被强邻包围。二者看起来是满怀戒惧，又像是犹豫不决。体道之士不是那么果敢、坚决的，他看似戒慎恐惧，犹恐灾难会到来。

"俨"是俨然，"俨兮其若客"，有如作客他乡，外来者做客较严肃、较沉重；"涣兮"是生动的气象，"若冰之将释"，是说万物像冰将解冻一般。一面如沐春风，一面冷若冰霜；看起来好像很严肃，却又很有活力。

敦兮其若朴，旷兮其若谷，混兮其若浊。孰能浊以静之徐清？孰能安以动之徐生？

"敦兮其若朴，旷兮其若谷，混兮其若浊"，他是敦厚、旷远、混一的,他像是一块朴质而未经雕琢的木头,他像山谷般虚空神妙,他像浊水看不到底般浑然一体。"孰能浊以静之徐清?孰能安以动之徐生",此依王弼本可以加进一句经文:"孰能晦以理之徐明?"体道之士是若朴、若谷、若浊的人,是未经雕琢还深藏不露、不急着凸显自我的人。"朴"是"晦",但"理之"就会"徐明";"混"是"浊",但"静之"就会"徐清";"谷"是"安",但"动之"就会"徐生"。它"安",但"动之徐生";它"浊",但"静之徐清";它"晦",但"理之徐明"。它好像是"无",其实它会生成一切的"有"。

保此道者不欲盈;夫唯不盈,故能蔽而新成。

从晦、浊、安看起来,"道"好像是"蔽",但"理之""静之""动之"以后的"徐明""徐清""徐生",则是"新成"。"保此道者不欲盈",就是像朴、像谷、像浊一样,不求表现,所以保此道者不想求自身的盈满,它不用尽,不注满。"夫唯不盈,故能蔽而新成",就因为一如朴质、空谷、浊水的不求凸显自己,看起来像是晦、浊、安一般什么都不是,有如老旧坏掉一般,但实际上是新的,是"成"的,因为天地万物在这里孕育而生。这个"蔽"可以"徐明""徐清""徐生",可以"新成"一切,体道之士看起来什么都不是,实则什么都是。道是无形的,好像什么都没有,但什么都从它那里出来。我们可以形容体道之士的生命特质,也就可以体会天道的玄妙奥藏了。

第16章　虚静观照的归根复命

心是照妖镜，照破妖恶而现出原形。

致虚极，守静笃，万物并作，吾以观复。

夫物芸芸，各复归其根；归根曰静，是谓复命。

复命曰常，知常曰明；不知常，妄作，凶。

知常容，容乃公，公乃全，全乃天，天乃道，道乃久，没身不殆。

致虚极，守静笃，万物并作，吾以观复。

　　此为老子讲修养功夫的最直接也是最关键的一段话。人生的困苦从心知的执着而来，因为执着带来造作，所以功夫皆在心上做。困苦在心，而心就是主体，所以，"致虚极，守静笃"，是心的自致、自守，心致心的"虚"，心守心的"静"，且"致

"虚"要至"极","守静"要"笃","极"是最高的极致,"笃"是最真的笃实,功夫无穷无尽,总要做到极致、笃实。心由虚而静,是为虚静心,心虚静如镜,一者镜子没有自己,二者镜子把自己放平,"虚"与"静"正是镜子的两大特质。吾心虚静,即生发、观照的妙用。"万物并作","作"不是农作物生长的正面意义,而是由心知的执着所带出来的人为造作,"并作"是相互牵引,一起发作,形成街头流行的人间病痛。

除非人人有痛切感,心致虚守静,虚化主义,拆除监牢,由虚、静而观照,让"并作"的每一个人,回归自我的真实,此之谓"吾以观复"。此心知执着所透显出来的等待期盼,会牵动亲人朋友,甚至迫使他们随你起舞,有如以凹凸不平的哈哈镜看人,不是压扁,就是拉长,让他们扭曲变形,做不成自己,甚至浪迹天涯;只要虚静如镜,亲人、朋友就可以回头做自己了。

夫物芸芸,各复归其根;归根曰静,是谓复命。

"夫物芸芸",是万象并列杂陈,等同于"万物并作",而"各复归其根",也就是"吾以观复"之意,万物纷纭,在吾心观照下,各自回归自我生命的根本。万物、众人不必应观众要求流落街头,老做别人的啦啦队,而痛失了自我的真实。"归根"是回归生命的根土,"归根曰静"就从"归根"说"静",

"静"是平静、均衡、和谐的意思，回归乡土童年，回归成长的家园，与天真同在，似乎什么都可以放下。"是谓复命"，就是从这一回归生命根土的一体和谐的平静说"复命"，也就是朗现出生命的美好。此从"观复"说"复归其根"，又从"归根"说"复命"，从根源的道说"归"，从生命自我说"复"，人就在"归根"中"复命"，在回归根源之道的路上，朗现生命本有的自在美好。

复命曰常，知常曰明；不知常，妄作，凶。

"复命曰常"，是人人朗现自我的真实，就是天地常道的开显；"知常曰明"，而天地生成万物的常道，就在吾心的虚静明照下开显。倘若心不虚静观照，天地常道隐晦不明，"不知常，妄作，凶"，人不知"归根"，而"复命"无路，心知执着、人为造作就是"妄作"，心发狂而冷酷，人间驰骋而猎杀异己，终究会害了自己，所以说"凶"。

知常容，容乃公，公乃全，全乃天，天乃道，道乃久，没身不殆。

此知常之明，上承致虚守静的功夫修养，下开天道长久的外王事业。"知常容",知常之明由虚静来,心虚则能容;"容乃公",能容受万物,也就大公无私。王弼本中为"公乃王,王乃天",依劳健《老子古本考》改,云:"今本'王'字,碑本'生'字,当并是'全'之坏字,'生'字尤形近于'全',可为蜕变之验也。"此说言之有据,看上下文,"王"当作"全",全、天二字为韵,王弼注云:"无所不周普。"也是"全"之意,公正公平,也就可以一体成全;"全乃天",普遍、整、全,就是天的无不遮覆;"天乃道",二十五章云:"人法地,地法天,天法道,道法自然。"上天不离道生成万物的理则;"道乃久",道的本身就是天长地久。人致虚守静,心明照以知常,且心虚则能容,能容就公正遍在,如同天道般长久,"没身不殆",终其身而不危殆。

第17章　百姓自然的太上治道

最好的政府是天下的美好都从百姓自己来。

太上，下知有之。

其次，亲而誉之。

其次，畏之；其次，侮之。

信不足焉，有不信焉。

悠兮其贵言，功成事遂，百姓皆谓我自然。

太上，下知有之。

《永乐大典》"下"作"不"，吴澄本亦作"不"，有谓作"不"，义较长，此说不确，因为专论治道，且做出价值评断，有太上、其次、再次的分判，此一价值评比，要由人民的观点来做出等级的判定。"太上"说的是太上之治，指最高明的治道,"下"指下民,"之"指政府,依下民的感受来说,最高明的治道,天下人民仅知有政府存在而已,意谓官方无心无为,天下百姓在天地自然的轨道运转,此如《击壤歌》的描述:"日出而作,日入而息,凿井而饮,耕田而食,帝力于我何有哉!"此"帝力于我何有",就是"下知有之"的真正意涵了。

其次,亲而誉之。

"其次"说的是"太上"之下的治道;"亲而誉之",河上本作"亲之誉之",此句主语"下"省略,指第二等的政府,是让天下人民亲近政府,并歌颂政府。意谓官方有心有为,又爱又教,下民感恩,故"亲而誉之",以报答君王德政。苏辙《老子解》注云:"其德可怀,其功可见,故民得而亲誉之。"此为第二等的治道。

其次,畏之;其次,侮之。

此言第三等的治道,是"下畏之","下侮之",主语省略。诸本"侮之"之上,无"其次"二字。"之"指政府,何以给出等而下之的评比,因为此种治道,在于让人民畏惧政府,以严刑峻法来控御、宰制人民,天下百姓失去自我成长的精神空间，唯在政令刑施下，成了国家的工具。

且"畏之"的高压治道，不一定靠得住，过了临界点就会点燃民怨的怒火。下"侮之"，是迫使人民侮慢政府，"侮"是看轻，"慢"则是反抗，由轻视威权而到反抗暴政。

依道家的思想体系来看，太上治道指的是无为而治的道家，其次治道指的是仁政爱民的儒家，等而下之的治道指的是政令刑施的法家。

信不足焉，有不信焉。

此句言由"畏之"转向"侮之"的原因所在。王念孙《读书杂志》云："案无下'焉'者是也。'信不足'为句，'焉有不信'为句。'焉'，于是也。言信不足，于是有不信也。"此说言之成理。就因为官方本身"信不足"，所以民间的反应"有不信"，越是欠缺自信的政府，就越是以高压来控御下民，诸多措施不敢透明化，公信力薄弱，下民因而不信任政府，既不信任，则走向侮慢反抗之路了。

悠兮其贵言，功成事遂，百姓皆谓我自然。

此更进一层诠表"下知有之"的太上治道。"悠"是"闲暇貌",有闲散自在之意,"贵言"则是不轻易发言。第二章云:"处无为之事,行不言之教。""悠兮"就是"无为","贵言"就在于"不言"。"功成"与"事遂"意同,事、功顺遂完成,顺遂即就"无为而无不为"说,政府无为不言,天下归于平治,百姓仅知政府存在而已:天高皇帝远。"功成事遂"带来了天下太平。百姓过着太平岁月,安居乐俗,还以为人生美好的"然"都从自身来。

这是道家"无"的智慧,政府"无"了自己,给出百姓"然从自己来"的空间,故云:"百姓皆谓我自然。"美好在于百姓,所以评之曰太上。

第18章　道废智出的不和昏乱

彰显仁义而大道废失，智巧应变则真实遮蔽。

大道废，有仁义；慧智出，有大伪。
六亲不和，有孝慈；国家昏乱，有忠臣。

大道废，有仁义；慧智出，有大伪。

太上自然之治道，废而不行，再推出仁义之治道。大道亘古长存，却在人为造作中扭曲沉落，大道本不废，是人的有心、有为背离了大道。

仁义有心，而圣智有为，由有心而有为，智慧初露端倪，展现它的机巧。王介甫云："智者知也，慧者察也，以其有知有察，此大伪所以生也。"有心、有为是人为造作，离自然、天真日远，所以说有大伪。

"大道废,有仁义",是"其次,亲而誉之";"慧智出,有大伪",是"其次,畏之;其次,侮之"(十七章)。"有孝慈""有忠臣"就是"大道废,有仁义"的表征,而"六亲不和""国家昏乱"正是"慧智出,有大伪"的后遗症。

六亲不和,有孝慈;国家昏乱,有忠臣。

老子"正言若反",儒家从正面立说,道家却从负面反思。儒家说仁义所以立大道,道家说"有仁义"就显示"大道废"了。儒家说智慧所以破大伪,道家说"慧智出"就难免"有大伪"了。儒家说孝慈所以和六亲(父子、兄弟、夫妇),道家说"有孝慈"岂非反证六亲已然不和?儒家说忠臣所以救国家之昏乱,道家说"有忠臣"岂非反证国家已然昏乱?因为六亲和,何必讲孝慈?国家治平,何须有忠臣?

此章着重在现象背景的探索,而不是因果的串联。"有仁义"不是"大道废"的原因,"慧智出"也不是"有大伪"的原因;"有孝慈"不是"六亲不和"的原因,"有忠臣"也不是"国家昏乱"的原因。只是逼我们做一番反思,在"有仁义""慧智出"的时候,要想到"大道废"的失落,与"有大伪"的虚假;在"有孝慈""有忠臣"的时候,要警惕"六亲不和"的破裂与"国家昏乱"的灾难。可别陶醉在"有孝慈""有忠臣"的感动中,而遗忘了"六亲不和""国家昏乱"的危机。实则,仿照"慧智出,有大伪"的语式,我们也可以依样画出另一个"医药出,有大病"的葫芦来,显然"医药出",不是"有大病"的原因,而是治大病的良方。理解这一道理,就不会被道家"正言若反"的话语吓着,还误以为老子是反道德的呢!可别忘了《老子》一书就取名"道德经"噢!

第19章　绝仁弃义的见素抱朴

> 绝弃不是不要，而是在化解中保存。

绝圣弃智，民利百倍；绝仁弃义，民复孝慈；绝巧弃利，盗贼无有。

此三者以为文不足，故令有所属：见素抱朴，少私寡欲。

绝圣弃智，民利百倍；绝仁弃义，民复孝慈；绝巧弃利，盗贼无有。

此章将"圣智""仁义"与"巧利"并列；实则，"巧利"仅是世俗的精明，与"圣智""仁义"之生命价值的核心理念根本未具有可以相提并论的分量。

儒家思想，仁义内圣，而礼智外王，因圣人制礼作乐，故以"圣"取代"礼"；而"圣"王又是理想人格的最高境界，故再将"圣智"升越在"仁义"之上。

观全章的语文脉络,以"圣"的生命人格,为"仁义"之所由出,再以"智"的灵动权变,为"巧利"之所从来,故即以"绝圣弃智",导出"绝仁弃义"与"绝巧弃利",此为全章的思路结构。

依道家的省思,仁义有心,而圣智有为,有心是心知的执着,有为则是人为的造作,此即儒家"其次,亲而誉之"的有为治道。故"绝仁弃义"是解消心知的执着,"绝圣弃智"是消除人为的造作,"为无为,则无不治"(三章),为政者"无心""无为",于是在官方的"无为"中,给出民间"无不为"的空间。"百姓皆谓我自然",是君上"绝圣弃智"也"绝仁弃义",而将"圣智""仁义"的价值美好还归百姓自身,此即道家"太上,下知有之"(十七章)的无为治道。

此"绝圣弃智""绝仁弃义"的"绝""弃",一如"天地不仁"与"圣人不仁"(五章)的"不",都不是本质的否定,而是心知的化解;而化解的作用就是保存圣智、仁义本来的真实美好。

仁义有心与圣智有为,就表现在"可道"之人生道路的引导,与"可名"之生命内涵的规定上;而引导与规定的依据在于"知善""知美"。心知执着于美善的价值标准,再通过"尚贤""贵货"的政治运作,将天下人民引入争名盗利的浪潮中。

此争盗的利器，就是"巧利"，巧利之极可以只问目的而不择手段，故"绝巧弃利，盗贼无有"，是借以消除"民多利器，国家滋昏"（五十七章）的失序乱象。此即"绝巧弃利"竟能与"绝圣弃智""绝仁弃义"鼎足而三的理由所在。

"绝仁弃义，民复孝慈"，可与"六亲不和，有孝慈"对看求解，老子所要批判的是心知执着与人为造作之下扭曲变质的孝慈，老子所要保存的是解消执着与造作，由虚静心所对照出的孝慈。故"民复孝慈"，是保有无心、自然的孝慈。

此三者以为文不足，故令有所属：见素抱朴，少私寡欲。

圣智、仁义、巧利，老子认定以此三者作为人文，化成百姓，乃是不足的；所以，要使天下人民另求归属。归属何处？从"绝仁弃义"说"见素抱朴"，从"绝巧弃利"说"少私寡欲"，最后，从"绝圣弃智"说"绝学无忧"。王弼本中"绝学无忧"列在二十章之首，然易顺鼎、马叙伦、蒋锡昌诸家力主当属十九章之末，正与前三"绝弃"句两相对应。

"无"掉圣智的执着，"无"掉仁义的分别，"无"掉巧利的争端，圣人"虚其心"，"智者不敢为"，且"常使民无知无欲"（三章），不就"民利百倍""民复孝慈""盗贼无有"了吗？

第20章　昏昏闷闷的绝学无忧

无心无为看似失落,实则自在。

绝学无忧。唯之与阿,相去几何?善之与恶,相去何若?

人之所畏,不可不畏。荒兮其未央哉!

众人熙熙,如享太牢,如春登台。

我独泊兮其未兆,沌沌兮!如婴儿之未孩。儽儽兮!若无所归。

众人皆有余,而我独若遗,我愚人之心也哉!

俗人昭昭,我独昏昏;俗人察察,我独闷闷。澹兮其若海,飂兮若无止。

众人皆有以,而我独顽似鄙。我独异于人,而贵食母。

绝学无忧。唯之与阿,相去几何?善之与恶,相去何若?

儒家的"知",是由德性心萌发的善端良知,故知善、知美是正面的意义;道家的"知",是心知的执着,故知善、知美呈负面的意义。因此有"天下皆知美之为美,斯恶已;皆知善之为善,斯不善已"(二章)之说。

太上老君当头棒喝,抛出一句道家根本立场的话,绝学的人可以无忧。绝学不是不读书、不学习,而是无执着、无分别,也就无比较、无得失,当然就可以远离患得患失的忧患了。"唯"是唯唯诺诺,当"顺从"解;"阿",帛书本作"诃",当"怒责"解;"唯"与"诃"相对。"善",帛书本作"美",王弼注亦云:"美之与恶。"故美与丑亦相对,正符合"知美之为美,斯恶已"的说法。唯之与诃,美之与丑,本质上皆是心知执着的产物,此等相对二分,真的有那么截然不同的区别吗?"相去几何"与"相去何若",意谓人皆以自己的出身背景作为价值标准,跟我一样的判为"美",跟我不一样的则断为"丑";跟我一样的以"唯"附和,跟我不一样的以"诃"责难,不过是主观的偏见而已!

人之所畏,不可不畏。荒兮其未央哉!

"人之所畏",就在美丑唯诃间,被判定为负面挫败的一方,引以为忧;"不可不畏",是后设的反省,把"人之所畏"当作反省的对象,问"人之所畏"之所从来,在执着分别与比较得失,故"不可不畏",即在解消此一病痛症结。世俗众人皆落在"人之所畏"中而被绑住套牢,唯我有"不可不畏"的超越反省,而自我松绑解套,故有完全不同的意态风貌。"荒兮其未央哉",意谓其间差别正如荒野苍茫,未有穷尽。

众人熙熙,如享太牢,如春登台。

我独泊兮其未兆,沌沌兮!如婴儿之未孩。儽儽兮!若无所归。

此下展开"我独"与"众皆"的连串对比。第一个对比,众人熙熙攘攘,如自享有太牢牺礼的丰盛,如自春天登上亭台楼阁般适意;而我却淡泊到一点儿意向(朕兆)都没有,有如婴儿还不知流露笑意般。"儽儽兮",是心无主见之貌,不知何处是归程。"沌沌兮"有谓当在"如婴儿之未孩"上,而与"儽儽兮!若无所归"正好对应。"沌"是无分别的纯任天真。

众人皆有余,而我独若遗,我愚人之心也哉!

第二个对比,众人皆求有余,而我独遗忘、失落。相对于众人的精明有为,我却像愚人般素朴无心。

俗人昭昭，我独昏昏；俗人察察，我独闷闷。澹兮其若海，飂兮若无止。

第三个对比，俗人昭昭有心，察察有为；而我却昏昏无心，闷闷无为。此俗人的昭昭察察，正是"人之所畏"的自我陷落，而我独昏昏闷闷，正是"不可不畏"的自我超离。故底下有"澹兮其若海，飂兮若无止"来描述"我独"的境界。"澹若海"是说开阔如海不可见，"飂无止"是说高扬如风不停留。

众人皆有以，而我独顽似鄙。我独异于人，而贵食母。

第四个对比，在众人皆有"以"，"以"当"用"解，众人皆求有用，而我独愚顽无知、鄙陋无用。此无知无用，与上文之无心无为，"无所归"与"独若遗"，皆是心知的化解，而生发、化解的作用，此虚无妙用，归结到"我独异于人，而贵食母"。人生的动向在异于人间街头奔竞争逐的众人，而"人之所畏，不可不畏"地自觉回归道父德母，有如婴儿般在母亲的怀里汲取生命的养分，走在自然天真的人生路上，也就"绝学无忧"了。

第21章　唯道是从的大德生命

人道走天道的路，天道在似有还无中生万物。

　　孔德之容，唯道是从。

　　道之为物，唯恍唯惚：惚兮恍兮，其中有象；恍兮惚兮，其中有物。

　　窈兮冥兮，其中有精；其精甚真，其中有信。

　　自古及今，其名不去，以阅众甫。吾何以知众甫之状哉？以此。

孔德之容，唯道是从。

　　人会问：我从哪里来？从父母来。又会问：万物从哪里来？从天地来。此所以逢年过节，我们拜祖宗，又拜天公、土地公，就是向"生"之源头礼拜。每一大教的教义，总要担负万物的存在，如何担负？就在于合理地解释万物的存在，让天下万物的存在合理，以保证万物的存在。因为只有合理才能存在，若不合理，存在的基础立即动摇，那就存活无路了。

天地生万物，父母生儿女，圣人生百姓，老师生学生，此所以几千年文化传统，礼拜天、地、君、亲、师，不是权威崇拜，而是向生成之道礼拜。"道"之所以能生成天地万物，原因就在于道体的"理"，存在于天地万物之中。天地合理，所以天地存在；万物合理，所以万物存在。人、物在人间行走，总要"形而上者谓之道"，要修养、修行，体现天道的生成原理，从天经地义处，去开发天长地久的人生之路。

道之为物，唯恍唯惚：惚兮恍兮，其中有象；恍兮惚兮，其中有物。

窈兮冥兮，其中有精；其精甚真，其中有信。

此段承上启下，说大德人格的生命动向，唯遵从道，而以道为依归。人道要走天道的路，故转而讲"道之为物"。此不可做出错误解读，说道是物，"道"是作为一个存在来说的，它是无形的存在，是形上道体，故以"恍惚"来说它的无形不可系。

大德之人唯从道，而道体又不可捉摸，那么人道要走天道的路，如何可能？还好，有体必有用，道体虽无声无形，而即体起用，在恍兮惚兮间，总在生天、生地、生万物，从"其中有象"到"其中有物"。对道体的描述，在恍惚之外，又说到"窈冥"的深远不可知。既不可知又从何体现天道？还好，"窈兮冥兮"的生成作用，总在天地万物间显发，从"其中有精"到"其中有信"。

这两说统合并论，"恍惚"与"窈冥"皆讲道体的"无"；"其中有象"跟"其中有精"位阶等同，皆指涉道体存在于万物中的"有"，是天生本真的"德"；而"其中有物"跟"其中有信"的位阶亦相当，指涉具体成形的万物。因为有形可见，故曰信物。在生成过程中，"精象"虽"有"而未成形，故以"其精甚真"来说其存在的真实性，并通过"其中有信"加以证实。"信物"在文化传统的礼俗生活间，被移转而为两情相悦、互订终身的礼物，保证爱的真实可靠，是海誓山盟的见证。

自古及今，其名不去，以阅众甫。吾何以知众甫之状哉？以此。

这一道体的生成作用，古往今来总在那里，而名号从实体来，"其名不去"，意谓其生成作用的永不停息，故通过此一

"恍兮惚兮"与"窈兮冥兮"的生成作用,可以解释天地万物之所从来。"众甫"是众物之始,"阅"是经由历程而知其存在。故最后说我凭什么知道天下万物生成的情状,就由"恍惚"而"窈冥"的生成原理而来。

大德之人的生命走向,就在于走天道的路。

第22章　少得多惑的不争曲全

人生路上有时迂回曲折，反得成全。

曲则全，枉则直，洼则盈，敝则新。
少则得，多则惑，是以圣人抱一以为天下式。
不自见，故明；不自是，故彰；不自伐，故有功；不自矜，故长。
夫唯不争，故天下莫能与之争。
古之所谓曲则全者，岂虚言哉！诚全而归之。

曲则全，枉则直，洼则盈，敝则新。

依我们的儒学传统，立身处世理当直道而行，因为义不容辞、当仁不让；不过在"绝仁弃义"的道家义理脉络之下，"曲则全，枉则直"才是化解人间纷扰的做人之道。

老子思想以其"正言若反"的反向思维，正面的道理老从反面说。儒家说圣、智、仁、义；他却反其道而行，说"绝圣弃智""绝仁弃义"（十九章）。此等激切之语，可真触痛了每一个儒者的心，因为仁义内圣而礼智外王，此天经地义的道理，何以老子要大唱反调，这是千年文化传统中最让人困惑不解的所在。

实则，老子的"绝""弃"，不在实有层次反对圣、智、仁、义的存在价值，而是在作用层次化解人心对仁、义、圣、智的执着与造作。王弼《微旨例略》云："绝圣而后圣功全，弃仁而后仁德厚。"解消了仁、义、圣、智的心知执着，就不会引来威权独断的人为造作，让圣功在无心自然中得以成全，仁德在无心自然中归于厚实。

从实有层次看，曲则不全，枉则不直，洼则不盈，敝则不新，此两两相对的生命理念，怎么可能以因果关联的姿态出现？说委屈反得成全，枉曲反得正直，低洼反得盈满，敝旧反得新成，是不可理解的；故转而从作用层次来解读，曲、枉、洼、敝是解消心知的执着，避开人为的造作，沉潜内敛，反得成全，此只有从修养功夫来体会理解。否则，"曲则全，枉则直"，已构成矛盾，当然会令人困惑难解，若以"阿Q精神"来说解老子，那就错得离谱了。

少则得，多则惑，是以圣人抱一以为天下式。

总结首段"曲则全，枉则直，洼则盈，敝则新"四句，归纳出"少则得，多则惑"的结论，"少"跟"多"，不是在实有层次说数量的多寡，而是在作用层次说功夫的修养，"少"是"为道日损"，"多"是"为学日益"，心知减损的"少"是体现道的功夫修养，心知增益的"多"，对于道行而言，反令人陷于困惑。此所以圣人平治天下，要回归道体的"一"，无执着，无造作。

不自见，故明；不自是，故彰；不自伐，故有功；不自矜，故长。

圣人无心无为，不显现自身，反而可以看到天下的真相；不自以为是，反而可以彰显天下的大是大非；不夸大自身，反而可以成全天下的事功；不傲慢矜持，反而可以带动天下的成长。

夫唯不争，故天下莫能与之争。

前面所言的这个"自"均是相对于天下而言，总持地说，圣人不跟天下人争，所以普天之下也就没有人可以跟他争。这如同孟子所说的"仁者无敌"，仁者不与天下人为敌，也就无敌于天下。

古之所谓曲则全者，岂虚言哉！诚全而归之。

这一"曲则全"的人生智慧，是古来相传的格言，哪里是空言一句呢？"诚全而归之"，此"诚"当"实"解，相对于"虚"而言，意谓虽"曲"而实归之"全"，有自我解消的心灵涵养，实质上一定会生发成全的妙用。人生路上有时迂回转折，反得成全。

第23章　飘风骤雨的难期长久

寂天寞地自然长久，炒作狂飙暴起暴落。

希言自然。

故飘风不终朝，骤雨不终日。孰为此者？天地。天地尚不能久，而况于人乎？

故从事于道者：道者同于道，德者同于德，失者同于失。

同于道者，道亦乐得之；同于德者，德亦乐得之；同于失者，失亦乐得之。

信不足焉，有不信焉。

希言自然。

儒学讲人文教化，道家说回归自然。自然不是指涉自然现象，而是说活出一生美好的"然"，与实现生命价值的"然"，若从自身而来，是为自然，若从外在来，则为他然。故所谓的"自然"，相对于"他然"而言，人生在世，自然才有必然的保证，他然则迫使生命价值的追寻落于漂泊不定中。

从"大音希声"（四十一章）来看，天籁无声，故"希言"是无言，而言为心声，无心也就无言，既无所执着，又何须多言！再由"道法自然"（二十五章）来思考，无心、自然等同于天道，人无心无为，走回归自然的路，所以说"希言"就是"自然"的体现。

故飘风不终朝，骤雨不终日。孰为此者？天地。天地尚不能久，而况于人乎？

深奥的哲理，总要从生活感受切入，环顾存在的情境，狂风刮不了一个早上，暴雨下不了一整天。问风狂雨暴从哪里来，是何者所为？答案是天地。即使是天地的有心有为，想要走出千古寂寞，寻求自我突破，来个随兴的做秀演出，竟也难期长久，更何况是人的有心有为呢？

理解此段经义，有一陷阱，说"天地尚不能久"，此明显与"天长地久"（七章）的说法冲突，故此处所说的"天地尚不能久"，不是指涉天地本身，而是指涉天地之所为，天地若有心有为，背离了"道法自然"的形上原理，风狂雨暴，适得其反，快速地消散，而归于风平浪静、雨过天晴的自然常轨。

故从事于道者：道者同于道，德者同于德，失者同于失。

人生在此当有一番翻转觉悟，说人定胜天，那是狂妄，唯一的长久之路，是"道法自然"，故人人都当有"从事于道者"的修养实践。此其结果有三：一是道者同于道，二是德者同于德，三是失者同于失。一是修养到了道的境界，生命中就有了道；二是修养到了德的境界，生命中就有了德；三是既无道行，又不修德，自家生命既失落了道，又失落了德，当真是道废德失了，这是从修养实践的功夫，来论定生命人格的境界高下。

同于道者，道亦乐得之；同于德者，德亦乐得之；同于失者，失亦乐得之。

天道无声无形，人又何从做体道的功夫？老子给出的生命智慧，在于"同于道者，道亦乐得之；同于德者，德亦乐得之"，道尊德贵，乐得以主体生命所开显的境界，作为它临现人间的真实内涵，故生命人格的修养，等于为道体天真做了见证。天道从何被体认、体证与体现？就从修道人的身上。他们的道行，等同于天道在人间的真实呈现。倘若主体生命未开显道、体现德，那么天生万物的"道"与天生本真的"德"就会在人的生命中失落。而这样的人间是荒凉的，这样的人生则是贫乏的，那无疑是机械的世界与冰冷的人生。

信不足焉，有不信焉。

最后，老子告诉我们，人的主体生命少了真实，人间世界就失落了它的美好，就因为自家"信不足"，所以人间"有不信"。寂天寞地总天长地久，人为造作暴起也暴落，难逃泡沫消散的命运。人生路上别总求浪漫，人为加工的情爱，总是失落了它的自然美好。媒体炒作出来的八卦绯闻，其终局不就是如此这般吗？

第 24 章　企者跨者的不立不行

踮起脚根站立不稳，拉开大步行走不远。

企者不立，跨者不行。
自见者不明，自是者不彰，自伐者无功，自矜者不长。
其在道也，曰：余食赘行。物或恶之，故有道者不处。

企者不立，跨者不行。

孔子人文化成，老子道法自然。

"企"，河上公本作"跂"。老子说踮起脚跟的人（企者），本来想要站得高一点儿，也看得远一点儿，却适得其反，反而站不稳；拉开大步走的人（跨者），本来想要走得快一点儿，也走得远一点儿，却适得其反，反而走不远。此有如芭蕾舞的舞者，仅能有短暂演出；快走的运动员，仅能在赛场竞逐；而散心散步的人,却可以走出长远的人生路。

自见者不明,自是者不彰,自伐者无功,自矜者不长。

　　落在社群人际的互动而言,自我标榜的人,抢尽人间光彩,反而看不到天下人;自以为是的人,把价值标准定在自己的身上,反而不能彰显人间正义;自以为有功的人,把功德都归于自己,反而贬抑了人家对自身的评价;骄矜自大的人,反而失去了自我成长的空间。

　　此等自见、自是、自伐、自矜的人,如同企者、跨者,都是由心知的执着,导向了人为的造作,有心有为却适得其反,等同于自己站出来反对自己,迫使自身站不起来,也走不出去;看不到,显不出,也功不成和长不了。如同"飘风不终朝,骤雨不终日"(二十三章),狂风刮不了一个早上,暴雨也下不了一整天,天地想要狂飙暴走尚且不能长久,何况是人的痴迷热狂呢?当然是草草收场了。

　　这一生命的自我省思,正可以照看当前社会以自我为中心且自我膨胀的人,与所谓的尖端、卓越、前卫、新锐,甚至是号称解构、颠覆的人,都是跂者、跨者,有如飘风骤雨的人,争一时的风光亮眼,而与可大可久的志业开创绝缘。

其在道也，曰：余食赘行。物或恶之，故有道者不处。

道家思想通过天道自然的观点来看，爱、现、骄、矜，都是赘行。既是多出来的言行，不论多说一句话，或多做一个动作，都如同人体的附赘之疣，不仅多出来，且形成累赘，无端耗损自己的能量，且引发负面的效应，成了生命的病痛。

在旧时乡土，小儿女的成长路上，不容许饭粒落地，主妇持家也不容许有剩余的菜肴。暴殄天物当然是罪过，老一辈的人说天公会打人的。时至今天，垃圾车穿越大街小巷，总要有资源回收与厨余的再利用。此太上老君教导我们的大智慧，就在于"赘行"如"余食"般一样是不合理的。

老子以"余食"来凸显"赘行"的造作灾害，前者是家常、日常的生活体验，后者是天下、人间的价值评估，此由亲切而生动的体会验证，转化为深刻而灵动的人生智慧。太上老君给出一个价值的论定，世俗民间尚且厌恶"余食"，故有修行、有智慧的"有道者"，绝不会让自身处于"赘行"的困境中。民间要食不余，在位者当行不赘，既是家常、日常，又是天经地义。

第25章　道法自然的独立周行

> 我永远是我，我也永远陪他，人生就在前进中回归。

有物混成，先天地生。寂兮寥兮，独立不改，周行而不殆，可以为天下母。

吾不知其名，字之曰道，强为之名曰大。大曰逝，逝曰远，远曰反。

故道大，天大，地大，人亦大。域中有四大，而人居其一焉。

人法地，地法天，天法道，道法自然。

有物混成，先天地生。寂兮寥兮，独立不改，周行而不殆，可以为天下母。

老子对形上道体的存在性格，有其独到深刻的体会与生动真切的描述。

"有物混成"之"有物",亦如"道之为物"(二十一章),皆指涉"道"作为一存在而言,不可执实地说"道"就是"物"。解读经典要把它解活了,而不要把它读死了。而"混成"亦如"混而为一"(十四章)。说"道"浑然天成,一体无别,超越在时空之上,寂兮无声,寥兮无形,既无上下前后的空间之分,又无古今的时间之别,所以通过耳目官能,根本问不出道体是什么的究极解答。

这一早在天地之先就已存在的形上道体,一者要合理地解释自己的存在,二者又要合理地解释万物的存在,"独立不改"给出了道本身存在的理由,"周行而不殆"给出了万物存在的理由。独立是自我挺立,不投靠、不攀缘,无须讨好权贵或迎合世俗,所以终其一生可以保全自己的天真理想,而不改本色初衷。且人生在自我挺立之外,还得天下行走;问题在于,只有"独立"的人才可能"周行",也只有"不改"的人才可能"不殆"。"周行"不是绕圆周而行,而意谓同时遍存于人世间的每一角落,既不改天生本真,自可远离面目可憎而言语无味的庸俗难堪,人生路也就不会因走不下去而变坏了。

"独立不改",可以合理地解释道本身的存在,"周行而不殆",又可以合理地解释万物的存在,二者统贯而为生成原理,既担负自身的存在,又担负万物的存在,所以说:"可以为天下母。"

吾不知其名，字之曰道，强为之名曰大。大曰逝，逝曰远，远曰反。

故道大，天大，地大，人亦大。域中有四大，而人居其一焉。

形上道体既无形也就无名，因为"名"从"形"的抽象而有，所以说："吾不知其名。"所谓的"字之曰道"，是说道体不是外在的客观的认知对象，而是从生命主体的修证体现出的。王弼《老子微旨例略》云："名号生乎情状，称谓出乎涉求。"名号定于外在的物象，称谓则出于内在的体悟，如姓名代表人的客观身份，而字号则蕴含人的主体愿景。修行人的法号、道号，如证严、圣严，皆发自上人法师自家心灵对终极实在的永恒追寻。

道体无名，而人人走在它的路上，故"字之曰道"；若要给出人间的名号，则唯有"大"字勉强可说。"大曰逝"意谓道体是大，所以它可以一往前行；"逝曰远"意谓不仅一往前行，且"无远弗届"；"远曰反"意谓不管多遥远，总会回归到它自己。"大曰逝""逝曰远"就是"周行而不殆"，"远曰反"则是"独立不改"了。

道体生天、生地、生万物，道体本身是大，它所生成的天、地、人，也一体皆大。所以说："域中有四大。"而人的存在份位，正处"四大"之一，人的生命走向，也在"四大"间展开。

人法地，地法天，天法道，道法自然。

"人法地"是知指人离不开大地的乘载，"地法天"是指地离不开上天的遮覆，"天法道"是说天离不开道体的生成作用，"道法自然"是说道体离不开它自身永远如此的理则。

"自然"就是"独立"，我自己"然"我自己，我自己"立"我自己，既"独立不改"，也就"周行而不殆"了。人人心中有道，且依道而行，何止天大地大，人亦大；何止天长地久，人也长久，那又何须有"但愿人长久"的惆怅呢！

第26章　重根静君的圣人荣观

> 行走人间，不离根本。

重为轻根，静为躁君。

是以圣人终日行，不离辎重。虽有荣观，燕处超然。

奈何万乘之主，而以身轻天下？轻则失本，躁则失君。

重为轻根，静为躁君。

老子的政治思想讲清静无为，"清静"不是远离世俗尘嚣，"无为"也不是什么都不为，而是体道的智慧。

本章的理论依据在于"重为轻根，静为躁君"。本来轻重相对，动静也相对，如同美丑、善恶的二分，皆出于心知的执着，以自己的出身家世，甚或种族肤色，作为美善的价值标准，并进一步责求天下人合乎此一自身制定的价值标准。这一自以为是的主观执着,当然是偏见,而把与己不同判定为不对则是傲慢,人间纷扰的症结就在于此。

故轻重与动静,一如"有无相生,难易相成,长短相较,高下相倾,音声相和,前后相随"(二章),皆是互相以对方为原因而成立,本质上是相对的。而世间却把本来属于相对的存在,自我膨胀地推向绝对化。道家的智慧,就在于一眼就能看到人家只是跟我们不同,人家不见得不对。老子有此体悟,何以还会有"重为轻根,静为躁君"的论调,这不是反而把本来相对的关联推向绝对化了吗?因为"重"为"轻"的根本,"静"为"动"的君主,已不再是相对而立、相因而成的对等关系,而是"重"与"静"被赋予了作为根本与宗主的形上性格。此所谓的"重"与"静",不再是与"轻""动"相对的"重"与"静",而是指超越在轻重相对、动静相对之上的"道"自身,"天道"理所当然是生成天下万物的根本与宗主。

是以圣人终日行,不离辎重。虽有荣观,燕处超然。

"生万物"的天道固是绝对,"生百姓"的圣人也必如是。故圣人行走人间,当然是依道而行,而以"不离辎重"来做一比喻性的描述。圣人带路远行,可能是移民垦荒的车队,载负耕具、种子、衣被、帐幕的重车,循例在后随行。辎重是落地生根的凭依资借，是以圣人终日行，而不离辎重，因为离了辎重，远行形同流浪，圣人也就"生"不成百姓了，而天下怎么可能有不能"生成"百姓的圣人！

而在"终日行"的过程中，虽有权势荣观与名利美景的诱引，圣人行道人间，不会痴迷热狂，也不会执着陷溺。不仅不会轻举妄动，反而会持重守静。依"致虚极，守静笃，……归根曰静，是谓复命"（十六章）来看，"致虚守静"是修道的功夫，"归根复命"则是体道的境界。尽管荣观美景当前，也可以处之泰然，不被牵动，也不会流落，只因为人世间一切荣观美景的根本源头，就在于"天道"本身啊！

奈何万乘之主，而以身轻天下？轻则失本，躁则失君。

太上老君最后表明了对时局的叹惋：道理显豁如斯，奈何天下侯王治理万乘兵车的大国，却因一己之身的英雄气与优越感而轻用天下，把百姓推向战火的边缘。这一轻率的举动，就此失落了作为天下根本与宗主的"道"了。言下之意，等同于当头棒喝，告诫天下侯王，轻举妄动既失去了治国之本，也终将失去君主的权位。

圣人是理想的政治家，以"生百姓"为自家的抱负，而不是为了权势荣观与名利美景而从政。所谓"政客"，根本上与财团合流，抢政权与争货利，皆属短线炒作，随势利而转，有如过客心态。面对此等"以身轻天下"的狂野傲慢，当代人不能仅停留在"奈何"的叹惋，而当以"道"的根本，来制衡轻举妄动的政党恶斗。

第27章　善闭善结的不开不解

> 不高贵自己，也不绑住别人。

善行无辙迹，善言无瑕谪，善数不用筹策。

善闭无关楗而不可开，善结无绳约而不可解。

是以圣人常善救人，故无弃人；常善救物，故无弃物。是谓袭明。

故善人者，不善人之师；不善人者，善人之资。

不贵其师，不爱其资，虽智大迷，是谓要妙。

善行无辙迹，善言无瑕谪，善数不用筹策。

人间世皆肯定美、善的价值，在几千年的文化传统中，儒家思想主张有心是善，道家哲学则主张无心是善。因为儒家所肯定的"心"，是良知天理的德性心，而道家所质疑的"心"，是虚妄分别的执着心,此所以老子思想会以无心、自然为善。

人生的言行,以无迹可寻为善,无过可责为善,而言行的评价,以无策可数为善。言行出于无心,纯任自然,当下过也当下忘,不会留下轨迹或语病,有如童言无忌般,只见天真,没有心机算计,所以人算总不如天算。

凡此所谓的"善",不是技巧性的策略运用,而是修养论的自然无心。无心无为,无执着,无分别,不会暴露弱点,也不会承受压力,从而也就无隙可乘,当然也无计可施了。

善闭无关楗而不可开,善结无绳约而不可解。

人生路上两大事,一在存全自我,二在成就天下。存全自我要"闭",成就天下要"结"。关闭门窗用以保护自身的安全,约束结交用以开拓天下的功业。问题在于,"闭"会自闭,"结"成死结,不仅别人进不来,自己也出不去,等同于自我禁闭。而"结"的本质,不是朋友而要做朋友叫结交,不是盟邦而想做盟邦是为结盟,不是兄弟而要做兄弟叫结拜,不是夫妻而想做夫妻是为结发。此相识满天下的结果,在于心有千千结,亲情、友情、爱情,每一段情都在心底打了一个结,且成了无解的死结。

根本问题在于,有形的门锁跟绳约,不仅会有形同自闭、打成死结的负作用,且可能有被破解、被剪断的后遗症,还不如无心、自然的善闭善结。"善"在于哪里，在于无关键、无绳约，我不用有形的门锁来保护自己，也不用有形的绳索去绑住对方，一者不会在灾难临头时反而让自己出不去，二者也不会在道义相悖时迫使对方解套脱困而去。因为他被绑住、被套牢，失去了自在的天空。

是以圣人常善救人，故无弃人；常善救物，故无弃物。是谓袭明。

圣人生百姓、救天下人。所谓的"善救"，在于"无弃人""无弃物"，没有人被遗忘，没有物被抛弃。而这样的整体得救，要如何成为可能？老子给出的答案是，以每一个人、物的天生本善来救，让每一个人、物回归他的本德天真，人人找回失落的自我，实现真实的自我，那岂不是人人同时得救，不救也救了吗？老子无为而治的大智慧，就在此时凸显出他的光采。所谓的"袭明"，就是顺任我们内心的明镜，去照现对方的本来面貌，在看到他的同时，让他得救、重生。

故善人者，不善人之师；不善人者，善人之资。
不贵其师，不爱其资，虽智大迷，是谓要妙。

而人间世的人我互动，善与不善的分别，本质上仅是不同的善，所以善人是不善人的老师，不善人是善人的资借，根本上是互为师资，而以虚静如镜的心，在相互观照间，照现对方的美善。人人本自具足，人人自在天真。不执着于自身"师"的高贵，也不执着于对方成了自身志业的资借。"贵其师"有如门锁的自我保护，"爱其资"有如绳约的绑住别人，这样的人纵使有再高的聪明才智，也是大大的迷惑。所以，人生在世要有"无"的智慧，无关楗、无绳约，不贵其师，不爱其资，人人皆得救，这才是大智慧的"善"。

第28章 知雄守雌的复归婴儿

> 英雄志业,本在清静无为。

知其雄,守其雌,为天下溪;为天下溪,常德不离,复归于婴儿。

知其白,守其黑,为天下式;为天下式,常德不忒,复归于无极。

知其荣,守其辱,为天下谷;为天下谷,常德乃足,复归于朴。

朴散则为器,圣人用之,则为官长,故大制不割。

道家思想过于消极吗?相对于儒家的"士志于道"与"任重而道远"来看,老子"守柔居弱"与"处下不争"的应世哲学,相形之下显得保守许多。不过,清静无为不是在实有层次退让放开,而是在作用层次解消执着。此是由心知的化解作用而获致作用的保存,故三十七章云:"道常无为而无不为。""无为"看似消极，却生发出"无不为"的妙用，这不是消极，而是智慧。

知其雄，守其雌，为天下溪；为天下溪，常德不离，复归于婴儿。

"知其雄，守其雌"的"知"，当"主"来解。知县、知府，就是担负县、府之政务的地方官；而雌雄相对，雄主动，雌守静，若问一句：要如何开拓英雄志业？答案是：守住清静无为。而这样的生命意态，有如天下的溪谷一般，以其虚空自守，给出了包容万物的空间，天下万物在此落地生根，不必流落天涯。人人保有天真本德，而回归婴儿般的纯真。"常德"是存有论的词语，指涉与生俱来、人人皆有的天生本真，"常德不离"意谓走在人生的成长路上，从未背离童心天真。"复归"则是功夫论的字眼，意谓在人间行走，可能因人为造作而流失天真，故以修养功夫来补救，而重新保有天生本真的常德。

知其白，守其黑，为天下式；为天下式，常德不忒，复归于无极。

王弼本在"知其白"下，有"守其黑，为天下式；为天下式，常德不忒，复归于无极"一段话，今根据《庄子·天下篇》的"知其白，守其辱"与《道德经》四十一章的"大白若辱"来进行比对思考，此二十三字可能为后人传抄时所增补，误以为"知其白"一定要与"守其黑"对，而不知"辱"的本义就是"黰"。另章即说"大白若辱"，足见"白"与"辱"相对，故此一增补即显多余。且"为天下式"，与溪、谷之比喻不合，"式"为法式，嫌其抽象；而"常德不忒"，"忒"是差误，亦远不如"常德不离""常德乃足"的朴质；"复归于无极"插身在"复归于婴儿"与"复归于朴"之间，不仅不类，更显突兀。故这段增补，未见其功，反成累赘。

知其荣，守其辱，为天下谷；为天下谷，常德乃足，复归于朴。

删去后人增益的二十三个字，上下文联结成"知其白，守其辱"，意谓如何开显人间的光明，本在于守住阴暗的角落。"不自见故明"（二十二章）的"不自见"，就是"守其辱"，"故明"则是"知其白"；而"大白若辱"，意谓真正的光明把自身隐藏在阴暗的角落里。这样的退守隐藏，有如山谷的虚静，给出万物成长的空间，让人人自足于本有的常德，如同回归朴实乡土般的自在。

"复归"不是走回头倒退的路,而是前进中的超越;"婴儿"不是童稚无知,而是天真无邪;"朴"不是蛮荒苍凉,而是朴质无华:这是修养功夫的向上回归,化绚烂为平淡的境界朗现。

朴散则为器,圣人用之,则为官长,故大制不割。

"朴"有如道体的"无",似一块未经雕琢的原木,停留在什么都不是的纯朴上;而朴质一散开,就被打造成各有所用的众器,所以说"朴散则为器"。老子以众器来譬喻百官,众器之本在"朴",所以圣人治理天下,也要回归天下万物所从来的道体。圣人依据道体的"朴",来统领百官,是为百官之长。百官依循制度,各有职责,不论分层负责还是分工合作,总是割裂的;圣人根据"道"之"朴"治理天下,统合制度割裂下的百官,而回归道体的一体无别,这一无心无知、无为也无不为的"道"之体制,就是"大制不割",它可不消极,而是最简易而高明的大智慧,因为它永不割裂。

第29章　天下神器的不执不为

> 天生自然，哪容人为随意挥洒。

将欲取天下而为之，吾见其不得已。
天下神器，不可为也，不可执也。为者败之，执者失之。
故物或行或随，或歔或吹，或强或羸，或挫或隳。
是以圣人去甚，去奢，去泰。

将欲取天下而为之，吾见其不得已。

老子此章开宗明义，对普天之下意图打天下并据为己有的人，给出一个斩截的论定与智慧的告诫。"吾见"是依我看来，"不得已"意谓那是不可能的狂想曲。"不得"是做不到也成不了，"已"是句末助词。"将欲"是有心，"而为之"是有为。有心的取天下与有为的治天下，不仅是不可能的任务，且会有适得其反的后遗症。

天下神器，不可为也，不可执也。为者败之，执者失之。

因为"天下神器"，"器"是有形的器物架构，"神"则是无形的道体虚用，此"神"在"器"中，犹如"朴散则为器"（二十八章），道体素朴，散开而存在于万物之中，犹神用无方引导天地万物的自然走向。"朴"无形无名，"神"亦无形无名，神化入器中，既是道体神妙的组合，当然没有人为挥洒的空间，所以说"不可为也"。此"不可为也"下疑脱漏"不可执也"四字，王弼本有云："可因而不可为也，可通而不可执也。"故据以增补。

问，理由何在？"不可为"的理由在于"为者败之"，"不可执"的理由在于"执者失之"。执者是心知的执着，为者是人为的造作，已背离了"道法自然"的形上理则。本来，"为者"意在求成，"执者"意在求得，何以求成反而落败，求得反而失去呢？道理一如"飘风不终朝，骤雨不终日"（二十三章）与"企者不立，跨者不行"（二十四章），执着造作，有心有为，即使是天地也不能长久，何况是人呢？天下本是神器，谁想取天下，谁想为天下，总难逃适得其反的结局。

故物或行或随，或歔或吹，或强或羸，或挫或隳。

所以，天下万物立足人间，一如"为者"的或成或败，与"执者"的或得或失，此成败得失皆属心知执着的价值二分：在民间世俗的相互牵引之下，有人行于前，就有人随于后；有人歔而暖之，就有人吹而寒之；有人益而强之，就有人损而羸之（羸，弱之意）；有人载而成之，就有人隳而毁之。此说解来自苏辙的《老子解》。"挫"，河上公本作"载"，"载"当"安"解，与"隳"当"危"解，正好相对。人间一正带来一反，所谓的平反，就是维系平衡的意思，终究徒劳无功，白忙一场。

是以圣人去甚，去奢，去泰。

你红花我绿叶，你拇指往下倒，我拇指向上挺，在相反中求平衡，还真是"同是天涯沦落人，相逢何必曾相识"呢！此所以老子最后抛下了"去甚，去奢，去泰"的劝言，此三者一如无心、无知、无为，要天下人不为己甚，别过分，也不要越界，不过于奢侈，也不求享乐，道法自然而已！

主导几千年来历史走向的文化传统，不是以宗教救人，而是以政治救人，此之谓外王事业，是以诸子百家都崇尚圣人。圣人与贤者的区分，就在于"内圣"的修养一定要实现"外王"的理想；而贤者的德行，仅在安顿自家的生命而已！儒家要以人文教养，来化成人性自然；道家则是跳脱人文礼教，而回归自然朴质，皆是以政治救人的"外王"思想。

第30章　兵强天下的其事好还

> 用兵强霸天下，总会还报自身。

以道佐人主者，不以兵强天下，其事好还。
师之所处，荆棘生焉；大军之后，必有凶年。
善者果而已，不敢以取强。
果而勿矜，果而勿伐，果而勿骄，果而不得已，果而勿强。
物壮则老，是谓不道，不道早已。

儒家德行心的自觉，是生命的实理；道家虚静心的观照，则是心灵的虚用。故儒学之道在实理的创造，显直下担当的阳刚气象；道家之道在虚用的镜照，显归根复命的阴柔面相。

以道佐人主者，不以兵强天下，其事好还。

这是《道德经》少数论说用兵的篇章之一，承上章"将欲取天下而为之，吾见其不得已"的理路，问何以不可能，理由在"天下神器，不可为也"，而人为造作之最大，就在图谋以兵团武力打天下，兵凶战危，完全背离了道法自然的生成原理。

体道之士以"道"辅佐人主治国，而不会以兵强霸天下，老子给出的理由是"其事好还"。在天下分裂、纵横捭阖的年代，用兵的杀伤力，一定会还报到自家的身上，有如两面刃的刀，砍向对方也会回伤了自己。

师之所处，荆棘生焉；大军之后，必有凶年。

凡是大军所到之处，一定是满地荆棘，哀鸿遍野。战火延烧之后，一定会带来灾荒的年岁，城市固然形同废墟，农村也直如荒地，天下人民当然无家可归而流落天涯。

善者果而已，不敢以取强。

问题在于，列国间总要维持相当的兵力以自我防卫，否则在合纵连横的交错间，一有强敌来犯，岂非如入无人之境！故兵备是治国不可或缺的一环，老子教导我们的基本原则在于"善者果而已"。依道家义理，无心自然为善，"有果"是"无为而无不为"的直接效应，让其他诸侯国不敢轻启战端，而可以和平共处。

此王弼本以"济难"说"有果"，即发挥了防患于未然的化解功能。俞樾认为"有"系"者"之形近而误，当作"善者果而已"，即用兵之善者，仅求救济危难而已，而自家从来不敢藏有"取强"的狂妄念头。七十三章云："勇于敢则杀，勇于不敢则活。"原来真正的"勇"，在于无心无为的不敢，而预留人我之间的活路；若以有心有为的"敢"为勇，则天下人必走向同归于尽的死路。

果而勿矜，果而勿伐，果而勿骄，果而不得已，果而勿强。

底下连言"果而勿矜，果而勿伐，果而勿骄，果而不得已"，边境重兵布防，重在摆出不容侵犯的姿态。"果"有如"作用的保存"，生发了吓阻的作用，而保存了一国之民的安全，根本未有强霸天下的意图。故不敢狂傲骄矜、自恃夸大，仅是不得已的回应。所谓"不得已"，是因为战争由对方发动，自家不能让它不发生，只能被迫应战而已。这一段话最后以"果而勿强"作结。竹简本其上有"是谓"二字，更点出了"果而勿强"是总结语。此"强"字，与"不以兵强天下"跟"不敢以取强"，做出呼应，而贯串全章。

物壮则老，是谓不道，不道早已。

末段老子回归人生日常，做出一番普遍性的落实论定，人生在世，倘若心知执着了雄霸壮大的英雄气与优越感，一定会由执着转为痴迷，再走向狂热，而加速了生命的老化，此一由壮而老，不是少—中—老的自然行程，也不是对生命强度转衰的现象描述，而是对心知执着与人为造作的反思。"物壮则老"就是人为造作的适得其反，不论是"兵强"，还是"物壮"，皆欠缺了内敛涵藏的功夫修养，奔竞争逐打天下，而堕入了"以兵强天下"的魔道。"不道"是背离了道法自然的生成原理，"早已"就是早亡，注定了加速走向衰亡的命运，如同"飘风不终朝，骤雨不终日"的难期长久。

第31章　兵者不祥的胜而不美

不得已而用兵，没有凯旋只见伤痛。

兵者不祥之器，非君子之器，不得已而用之，恬淡为上。

胜而不美，而美之者，是乐杀人。

夫乐杀人者，则不可得志于天下矣。

夫唯兵者不祥之器，物或恶之，故有道者不处。

君子居则贵左，用兵则贵右；

吉事尚左，凶事尚右；

偏将军居左，上将军居右。

言以丧礼处之。

杀人之众，以哀悲泣之；

战胜，以丧礼处之。

此章王弼本全篇无注，不知是如朱谦之《老子校释》所称，诸多注语已混入经文，还是王弼加入了批判的行列，彰显自家对政治野心家发动战争的强烈反感。

本章依高亨《老子正诂》对王弼本做了上下文的更动，把原摆列在经文中段的"兵者不祥之器"至"不可得志于天下矣"移至篇首，如是"君子居则贵左，用兵则贵右"才能与后段之"吉事尚左，凶事尚右；偏将军居左，上将军居右"衔接连贯而一体成形。如此不擅改经文，也不轻易断定何者为经文，何者为注语，仅在上下文之间做了最简易的调整，却显现了最高明的效果，让全篇理路分明而清晰可读。

《道藏》（张太守汇刻四家注）在章末引王弼本云："疑此非老子之作也。"这可能是因上下文间语气断隔、理路不通所作的印象式与感受性论定，实则，此章延续了上章"兵强天下，其事好还"的义理脉络，并有进一步的伸展发挥。

兵者不祥之器，非君子之器，不得已而用之，恬淡为上。

兵之所以不祥，在于其杀伤力，《庄子·人间世》云："国为虚厉，身为刑戮。"正是对战火延烧的惨烈描述，有德之人当然不该假借它作为扩大版图、强霸天下的利器。在不得已的境况下用兵，自以无心无为的恬淡为上，仅求"济难"而已。

胜而不美,而美之者,是乐杀人。
夫乐杀人者,则不可得志于天下矣。
夫唯兵者不祥之器,物或恶之,故有道者不处。

应战无心,"果而勿强",即使获致胜利的战果,心中也不以为是美事一桩,若得意庆功,等同于以杀人为自家的成就,这样的人不可能得到天下人的支持拥戴,怎能强霸天下呢?此"不可得"亦含有"不当"的价值判断,因为军事武力超强的诸侯国是有可能一统天下的,唯难逃"乐杀人"的罪名加身,有如战犯般当接受天下民心的审判。就算是得意于一时,亦不可能长久治理天下,秦王朝十五年而亡其国,不就是最好的写照吗?"夫佳兵者不祥之器",依考据家王念孙所说,当是"夫唯兵者不祥之器",而与下文"故有道者不处"构成"夫唯……,故……"的表达语式,如"夫唯不争,故无尤"(八章)。兵既不祥,天下人尚且不想碰触假借,何况是有道的人呢?

君子居则贵左,用兵则贵右;
吉事尚左,凶事尚右;
偏将军居左,上将军居右。
言以丧礼处之。

杀人之众，以哀悲泣之；战胜，以丧礼处之。

此段即将家居日常的"生"活与战争的"死"亡，做出对比：家居以左为贵，用兵以右为贵。此左右两路有如生死的两界，家居是生，用兵则死，生是吉，而死是凶，偏将军之所以是居左的"吉"，是因为杀人较少，上将军之所以是居右的凶，是因为杀人太多，故直接"以丧礼处之"来对应"杀人之众"的上将军。杀人既多，当满怀哀伤而为受难者哭泣，故全篇就以"战胜，以丧礼处之"作结。

孟子有云："善战者服上刑。"老子亦云："战胜，以丧礼处之。"儒道两家对战国时代"用兵不止"的乱象，给出了同声的谴责。

综观全章，其言与老子"清静无为"的政治思想、"处下不争"的人生智慧完全相应，自不必有"此非老子之作"的疑虑。

第32章　始制有名的知止不殆

道在什么都不是的"无"中,深藏什么都是的"有"。

道常无名,朴虽小,天下莫能臣也。

侯王若能守之,万物将自宾。

天地相合,以降甘露,民莫之令而自均。

始制有名,名亦既有,夫亦将知止,知止可以不殆。

譬道之在天下,犹川谷之于江海。

道常无名,朴虽小,天下莫能臣也。

　　老子思想的形上道体,既是保证万物存在的终极原理,又是人间一切价值的根本源头。此所谓政治人生的灵动智慧,依据就在于吾人对天道的亲切体会。

　　天道要合理地解释万物的存在,就得先合理地解释自己的存在。一者,"道法自然"(二十五章),道本身的存在是自己如此,独立而不改,所以有其恒常性;二者,"道可道,非常道"(一章),道超越于万物之上,无形也无名,人间一切语言文字的抽象概念,都不足以描述道体的存在。这是"道常无名"开宗以明义的道理所在。

  道无名不可说,好像什么都不是,这一"什么都不是"就是"朴"。原木未经雕琢,犹未成器,当然什么都不是。问题是,在什么都不是的"无"中,却深藏什么都是的"有"。从什么都不是的"无",说它是"小";从什么都是的"有",说它是"天下莫能臣也"。天道是万物的生成原理,当然没有人可以支配它。所以,道最小,同时也最大。

侯王若能守之,万物将自宾。

  侯王圣人要生成百姓,当然得守住常道的无名之"朴"。不雕不琢的"朴",就是无心无知的无为之治。侯王自己什么都不是,而留给百姓什么都是的空间。"万物将自宾","宾"当动词用,侯王无为,不落在主客相对中,万物自我接待,少了侯王的宰制安排,万物也就可以自在自得、宾至如归,好像回到自己的家一样闲散适意。此一道理,可与"圣人不仁,以百姓为刍狗"(五章)相印证,圣人无心,放开百姓,让每一个人走出自己想走的路,活出自己想要的内涵。这就是首章所谓的常道、常名。

天地相合,以降甘露,民莫之令而自均。

原来,天地生万物跟圣人生百姓的生成原理,就在于以"不生"的方式来"生",让万物跟百姓"自生"。自在自得就是天下万物自己生自己,我的"在"、我的"得",都从自己来,此之谓"自然"。而这一"自生",是在"天地相合,以降甘露"的交感和合中展开,天地自然地给出滋养生命的甘泉,"民莫之令而自均",天下人民在没有人为的干扰之下,生命皆得以维系自然的均平。

始制有名,名亦既有,夫亦将知止,知止可以不殆。

问题出在,"始制有名",人间社会群居共处,就得建构制度,且在制度中运作。"名"是名分,也是职责,既分工合作,又分层负责,此一规划区隔,一定会带来割裂的后遗症,从而失去本来一体的和谐。所以"名亦既有",在制度名号构成确立之后,要如何避免割裂的病痛,而保有整体的和谐?老子开出的药方是"夫亦将知止,知止可以不殆"。要将名号止于何处？看全文脉络，当然是止于无名之朴的常道。

二十八章云："朴散则为器，圣人用之，则为官长，故大制不割。"此"朴散为器"，有如"始制有名"，圣人用"朴"统合百官，亦如侯王守住无名之朴，而大制不割，也就是"知止可以不殆"了。

譬道之在天下，犹川谷之于江海。

末段做一番文学譬喻的总结，"譬道之在天下，犹川谷之于江海"，天下万物离不开道体，就如川谷的水总要汇归于江海一般。所以政治人生的进路，就在于回归自然。

第33章　自知自胜的知足久寿

知人胜人流落于外，回归自我总能长久。

知人者智，自知者明。
胜人者有力，自胜者强。
知足者富，强行者有志。
不失其所者久，死而不亡者寿。

知人者智，自知者明。

"智"与"明"，一如"可道"与"常道"，"可名"与"常名"，皆是超越的区分。"智"是有执着、有分别的心；"明"是心的虚静观照，无执着亦无遮蔽，直接看到天下的真相与人间的真情。就道家而言，看到等同于生成，是为照现。

心的虚静观照，不仅"自知者明"，抑且"知常曰明"

(十六章)。故"自知"即可"知常",自我与天下,一体朗现;"知人则智",此犹如智多星之流。"知人",是分析人的长处与弱点,甚至建立档案,在重要时刻,借以利用与威胁。故"智"近于世俗的精明与权谋的算计;对于生命的真实美好,完全不在意,也完全看不到。若心中只有名利、权势,逼自己走上打天下的行列,不但害了自己,也伤了天下,看似精明,实则愚昧。人生的问题,不在于你看到了什么,而是你用什么眼光看!是"明"照,还是"智"计!前者是回归自然的生成,后者是流落天涯的毁坏。

胜人者有力,自胜者强。

此表述语式与上句话几乎等同,只是关怀的主题由"知"转为"胜"而已。"胜人"与"自胜",也是超越与区分,前者有心、有为,后者无心、无为;有心有为,争逐天下,无心无为,回归自我。"有心"在于打造强者的形象,"有为"在于以"胜人"来证明。

五十二章云:"守柔曰强。""无心"不想打造什么,"无为"也无须证明什么,看似柔弱,实则是真正的刚强。因为,无求于外,就不必迎合世俗,也不用讨好权贵;反而可以守着真实的自我,活出生命的美好。故所谓"自胜",从消极言,要克制我心的狂野；从积极言，要不断地自我超越。

从"自知"到"自胜"，在自我的照现中超越自我，这才是真正的高"明"，才是真正的"强"者。

知足者富，强行者有志。

前三句话皆两两相对，连贯下来解读，"知人""胜人"是"强行"；"自知""自胜"是"知足"。若要语式一致，第一句话"知人者智"，应在"智"之上加一"有"字；如是，"知人者有智"，"胜人者有力"，"强行者有志"，连读下来，语意更加清晰。

且第三句，"知足者富"，"知"字若修正为"自"，如是，"自知者明"，"自胜者强"，"自足者富"，连读下来，会显得更有气势。且"自足"比诸"知足"，语意会更加明确；因为若说"知足"，不知足于何处？"自足"则意谓足于自身生命的美好，此不仅明确，更是精当。

从"有智""有力"与"有志"一贯而下的语文脉络来看，"强行者有志"不可能做正面的诠释，吕吉甫注云："有自知之明，则知万物皆备于我，而无待于外慕也，故曰：知足者富。有自胜之强，则于道也勤行而已矣，无事他求也，故曰：强行者有志。"此由"自知"说"知足"，由"自胜"说"强行",说解不当。

或许以经解经,可得确解。三章云:"虚其心,实其腹;弱其志,强其骨。"既然要"虚"掉心知的执着,削弱人为的造作,而回归腹骨的天生自然,怎么会去鼓动天下人"强行",以证明自己"有志"呢!

再就"心使气曰强"(五十五章)与"专气致柔"(十章)对看求解,"心知"任使气、鼓动气,而以强者的姿态出现,此"心知"的介入与干扰,妨碍了生命之气的自然流行。落在当代的体会而言,气承受自"心知"转嫁而来的压力,会出现心律不齐、呼吸不畅、消化不良、内分泌失调等诸多病征,正是"心使气曰强"所拖带出来的后遗症。人生的困苦,既由"心知"带出来,功夫也当在心上做。"专气"是要求"心知"退出,还给"气"自在的天空,而让"气"回归"气"的自身;"致柔"就是回归生命之气的平静与和谐。

此生命柔和而一体和谐,是真正的强,没有弱点也不被打败的强,故谓:"守柔曰强。"三十六章又云:"柔弱胜刚强。"此言人生处世的心态,无心无为的柔弱比有心有为的刚强高明得多,因为不会引来抗争、对决。凡此皆看不出老子会有"强行者有志"的正面论定。

"知足者富","知"不是认知,而是体悟;人生要有足于自身的体悟,足于自家的天生本真,此生再无缺憾,不假他求,这样的人生才是真正的富有。不知足于自身的人,就会人为强行加上"有志"的造作,注定了一生的流落、一世的漂泊。

不失其所者久,死而不亡者寿。

末段上承前三句,两两相对地超越区分,从而做出总结。此"所",乃道根德本之所;由"自知""自胜"到"知足",在自我的照现、自我的超越中,自我完足。什么都有了,什么都不欠缺,一切都可以放下,因为一切都已在这里,生命在道根德本之所,找到了终极的安顿。因为是最高的"极",所以是最后的"终",当然不会流离失所,而可以长久。生命若落在人间街头,名利权势的奔竞争逐,每天都重新洗牌而流转不定,美好总是短暂的,之后会幻化成空,不如回归童年的天真与乡土的素朴,在"常德不离"中"常德乃足"(二十八章),不离天生本真,也就足于生命自身了。

"死而不亡者寿",此非文字游戏,既云"死",又说"不亡",岂非矛盾!实则,老子认为"死"是"身"的事,"亡"是"心"的事;死亡会成为伤痛,根本不在于"身"死不死的问题,而在于"心"亡不亡的问题。

"心"不执着于"生","死"就不会闯入心中,成了生命的伤痛跟阴影。故不生，所以不死。从"身"而言，"死"即"亡"；从"心"而言，"死"可以"不亡"，"不亡"也就"不痛"了。"身"会死，而"心"总是不亡，死就不再能压迫我们，伤痛就此远离，而阴影也就消散了。既然"死而不亡"，人生路上的每一个当下，不都是天长地久的"寿"吗？

　　总括全章，人在道根德本的生命终极之地，既不失其所，又死而不亡；而在名利权势的人间奔竞之场，既失其所，又死而亡。"不亡"在于"自知"、"自胜"与知足的"不失其所"；"亡"在于"知人"、"胜人"与强行的"失其所"。人有心、有为，什么都在流转变动中，什么都是短暂的，什么都是假象，生命漂泊而无家可归；人无心、无为，人物自在天真，人间一体和谐，没有什么会流转变动，也没有什么不是长久的，更没有什么不是真实的。既"不失其所"，也就"死而不亡"，其根本在于"道"的体现。若走离了"道"的自然天真，就什么都定不住，什么都在漂流中，人生的"久寿"也成了不可能的梦想了！

第34章　大道名小的自成其大

大道无所不在，就在每一个人生命的周遭。

大道泛兮，其可左右。
万物恃之而生而不辞，功成不名有，衣养万物而不为主。
常无欲，可名于小；万物归焉而不为主，可名为大。
以其终不自为大，故能成其大。

大道泛兮，其可左右。

大道无名，看似"小"，万物皆从道来，则是"大"。此"小""大"不是在比较串系中对显而"有"；而是从道体本身的"无"说"小"，再从道体本身的"有"说"大"，所以，道体是"小"又是"大"。

就因为道体冲虚，所以妙用无穷，它没有自己，反而可以无所不在，有如水一般，与万物同在同行，这就是"大道泛兮，其可左右"的意涵。道存在于万物之中，有如守护神般伴随于万物的周遭。

万物恃之而生而不辞，功成不名有，衣养万物而不为主。

"万物恃之而生而不辞"有两层意思：一是"万物恃之而生"，"之"当然指涉道体；二是道"生而不辞"，主词在此由万物转为道体，而道体生万物又"不辞"。关键在于，"辞"当何解？李息斋注云："万物非道不生，而道未尝言其能也；万物非道不成，而道未尝自名其功也；万物非道不养，而道未尝自以为主也。"依李息斋注则"辞"当"言辞"解。此似乎亦可成一说；然第二章云："万物作焉而不辞。""作"当"生长"解，"辞"依王弼本所云："大人在上，居无为之事，行不言之教，万物作焉而不为始。故下知有之而已。"此引第二章经文，以解十七章篇首所云的"太上之治"，是则"不辞"当作"不为始"解，文义顺通，且可与下文之"不名有"做出区隔。

"功成不名有"，易顺鼎依《文选·辨命论注》引"功成而不有，爱养万物而不为主"，而给出"今王本'功成不名有'当为'功成而不有'，'名'字衍"的论定。实则"功成不名有"

义理亦可说解，道生成万物，却"未尝自名其功也"，"名"是心知执着的产物，"不名有"就是心知不执着于功成而归自己所有。

"衣养万物而不为主"，"衣"，河上公本作"爱"，说养万物而出于爱心，问题在于，道体本无心自然，所谓"天地不仁，以万物为刍狗"（五章），"不仁"是"无心"，天地放开万物，让万物自生自长，"衣养万物"如同天无不遮覆、地无不承载般地生养万物，却又"不为主"，既然无心放开，就不会为推尊自己而宰制万物。

依据"生而不有，为而不恃，长而不宰，是谓玄德"（十章、五十一章）的基本范型来看，"万物恃之而生而不辞"，相当于"生而不有"；"功成不名有"相当于"为而不恃"；"衣养万物而不为主"相当于"长而不宰"。"不有"才真正完成了"生"，"不恃"才真正做成了"为"，"不宰"才算真正的"长"成。三者结合谓之"玄德"，是为天道生成万物的作用。本章的表述，多了一点儿曲折，不是那么直接明朗。

常无欲，可名于小；万物归焉而不为主，可名为大。

底下就从道体的"不为始""不名有"与"不为主"，归结为"常无欲"，道体恒常，无心自然，没有自己想要什么的意图，故从"常无欲"的"无"说是"小"，又从"万物归焉"的"有"说是"大"，而"不为主"的放开成全，则下贯"终不自为大"的形上智慧。

以其终不自为大，故能成其大。

河上公本作"是以圣人终不为大"，则由理论哲学转为实践哲学，人道秉承天道，"不自为大"是心知化解的作用，"成其大"则是作用的保存。"自为大"是心知的执着与人为的造作，"不自为大"既摆脱了自家的执着负累，又消除了人为造作给天下万物带来的压力，这样反而可以长久地成其为大。七章云："以其不自生，故能长生。""不自为大"就是"不自生"，"成其大"就是"长生"，不把"生"封限在自身，就可以给出空间，长久地生万物了。

第35章　道淡无味的用之不尽

> 回归天道自然，天下人自来归往。

执大象，天下往；往而不害，安平太。

乐与饵，过客止。

道之出口，淡乎其无味，视之不足见，听之不足闻。用之不足既。

执大象，天下往；往而不害，安平太。

道体超越在万物之上，它本身是"无"，"无"是无限；也因为是"无"，所以可以无所不在，"大道泛兮，其可左右"就是说道体存在于万物之中而保证万物的存在，从功夫论而言，即人生路上要做体道的功夫。

道内在于万物，是天生本真的"德"，故人通过"复归于婴儿"的天真本德,而与道一体连线。所谓"执大象",有如"执古之道"(十四章),"执"是虚说,因为道体相对于物象形状而言,是"无状之状,无物之象"(十四章),且"大音希声,大象无形"(四十一章),当然是不可执也,不可为也。

大象本不可执,今谓"执大象",意谓回归道体的生成作用中,"天下往"则带动了天下人自来归往的政治效应。何以如此?因为"往而不害,安平太","太"另本作"泰",天下人来此清静无为的国度,在乡土素朴中,不会受到人为的干扰,不会妨碍时令节气的日常行程。

"安平太",王引之《经传释词》云:"安犹于是也,乃也,则也。言往而不害,乃得平泰也。"此"安"当转接词,"不害"仅是消极地说不构成妨害。李息斋注:"往而不害,与道俱也。既与道俱,往不离道,无所不安,无所不平,无所不泰。"此说则"安""平""泰"三者并列,对"不害"做出具体的描述。"安"是自我形体的"安","平"是人间天下的"平","泰"则是心灵的适意与精神的释放,让天下人自在自得。

乐与饵,过客止。

乐舞是有声之声,酒宴是有味之味,直接诉诸官能的感受,真的是魅力无法挡,故引来天涯过客在此欢笑作乐。"止"是停留,而且流连忘返。此处是将道体的无声无形,与人间街头的乐舞与酒宴做一对比。

道之出口,淡乎其无味,视之不足见,听之不足闻。用之不足既。

而"道之出口",道体的自我展现,却是"淡乎其无味,视之不足见,听之不足闻",道体本身自然平淡,少了人为加工,未见五色、五音、五味的炒作变调,其存在样态是"无味之味"的真味,"无色之色"的本色,"无声之声"的原音,故"视之不足见,听之不足闻","足"另本作"可",看也看不见,听也听不到,此十四章有云:"视之不见名曰夷,听之不闻名曰希,搏之不得名曰微,此三者不可致诘,故混而为一。"通过官觉这一途径,是问不到道体是什么的究极解答的。

此李息斋注:"味无味之味,视无色之色,听无声之声,用无用之用,即于形器之间,全收道用,此其所以安平泰也。"要如何味无味之味,视无色之色,听无声之声?有形的官觉,仅能味有味之味,视有色之色,听有声之声;唯有无形的心灵,可以体会道生成万物的"无用之用"。

"用之不足既","既"当"尽"解,意谓体现道体生成万物的无穷妙用,而与篇首"执大象,天下往"有一前后的呼应与一体的连贯。

第36章　将弱固强的微明洞见

> 人生处世，柔弱远比刚强好得太多。

将欲歙之，必固张之；将欲弱之，必固强之；
将欲废之，必固兴之；将欲夺之，必固与之，是谓微明。
柔弱胜刚强，鱼不可脱于渊，国之利器，不可以示人。

本章的诠释，在语文脉络的义理解析之外，还要以整部《道德经》的思想体系，作为理解的依据。

将欲歙之，必固张之；将欲弱之，必固强之；将欲废之，必固兴之；将欲夺之，必固与之，是谓微明。

此四组相对二分的价值观念，歙张、与夺是应世的态度，强弱、兴废是存在的样态。心知执着的价值分判，带出行为的趋避,"将欲"是适得其反的生命走向,"必固"是执着造作的意志坚持,"固张"引来"将歙","固强"引来"将弱","固兴"引来"将废","固与"引来"将夺"。

一直要张开,就会转向歙合;一直要刚强,就会转向衰弱;一直要兴旺,就会转向荒废;一直要给与,就会转向夺取。此由"必固"看出"将欲",是智光明照的洞见。"微明"是"见小曰明"(五十二章),在细微处,看出未来的走向。此与《易传》"知几其神乎",可以相互发明,彼此印证;"几"就是"微",而"神"就是"明","神"与"明"皆指谓生命主体的观照智慧。

若在"将欲"与"必固"之间,加进了动机论来解释,成了"目的"与"手段"的联结,无可避免地导出权谋算计的疑虑,整段的解读就完全改观。为了要它闭合,就要一直让它张开;为了要它衰弱,就要一直让它强盛;为了要它荒废,就要一直让它兴旺;为了要夺取它,就要一直给予它。此一说法,理所当然地将阴谋家的冠冕,套到了老君的头上。如程明道所云:"予夺、歙张,理所有也;而老子之言,非也。'与之'之意,乃在乎取之;'张之'之意乃在乎'歙之';权诈之术也。"章太炎亦据此论定为权谋语,云:"历来承平之世,儒家之术足以守成,戡乱之时即须道家,拨乱反正非用权谋不可,老子之真实本领在此。"

可能为了避开这一解读之下的权谋误判，王纯甫注云："将欲云者，将然之词也；必固云者，已然之词也。造化有消息盈虚之运，人事有吉凶倚伏之理。故物之将欲如彼者，必其已尝如此者也。将然者，虽未形；已然者，则可见。能据其已然，而逆其将然，则虽幽隐，而实明白矣。故云是谓微明。"此解已背离老子主体修养的生命进路。老子虽说：祸福相倚相伏，犹如一门之隔，却在"孰知其极"的提问中，给出"其无正"（五十八章）的解答。问祸福之间的分界线在哪里？老子认为不可能有客观性的标准答案。

祸福荣辱，成败得失，均是心知执着的相对二分，人生的困苦就在这一执着分别中患得患失，不仅失是患，得更患。唯在生命主体的虚静明照中，超离吉凶祸福的截然二分，不执着，无分别，不比较，无得失，压在心头的无边大患就可以消散了。故十六章云："知常曰明，不知常，妄作，凶。""明"，是致虚守静的观照作用；"知常"，不是认知自然现象的变化轨迹，而是照现了"常德不离""常德乃足"（二十八章）的"天生本真"。"不知常"，是心知的执着；"妄作"，是人为的造作；"凶"，是执着造作的适得其反。故重点不在从"必固"之自然造化的消息盈虚中去推断"将欲"之人事遇合的吉凶倚伏；而在从"必固"之心知执着的人为造作中，看到"将欲"之适得其反的后果。

憨山大师也进一步注解："日之将昃，必盛赫；月之将缺，必极盈；灯之将灭，必炽明：斯皆物势之自然也。故固张者，歙之象也；固强者，弱之萌也；固兴者，废之机也；固与者，夺之兆也。"此解或可为老子解套，却完全落在物势之自然来诠表，将老子主体生命的灵动智慧转为物理现象的自然因果。日将偏斜，一定是日正当中的盛赫；月将残缺，一定是月圆时候的极盈；灯将熄灭，一定是火光闪现的炽明。物理现象如是，人文情态亦然。"固张"就是将合的迹象，"固强"就是将弱的萌芽，"固兴"就是将废的转机，"固与"就是将夺的征兆。此说已近于当代科学的现象因果了。

不管是解以造化盈虚，或归诸物势自然，都是将此章从主体生命的修养进路，导向气化现象的自然因果。这样的理解看似善巧，实则是价值的失落。将"为道日损"的道行，转为"为学日益"（四十八章）的知解。虽然解消了老子是权谋思想的质疑，却将老子贯串整部经典之主体生命的灵动玄妙，往外推出，成了物理现象的自然归趋，使虚静明照的生命大智慧就此失落无存。

柔弱胜刚强，鱼不可脱于渊，国之利器，不可以示人。

"柔弱"，是无心无为；"刚强"，是有心有为。"柔弱胜刚强"，不是柔弱的人总会打败刚强的人，而是就每一个人的处世态度来说，无心无为的柔弱总是比有心有为的刚强高明得多。因为，无心无为，可以回归自我而自在自得；有心有为，却要争逐天下而自困自苦。"鱼不可脱于渊"，说的是"柔弱"，"国之利器，不可以示人"，告诫的是"刚强"，意谓人生路上要守柔，而不可强行。

"鱼不可脱于渊"，从"心善渊"（八章）与"渊兮似万物之宗"（四章）来看，"渊"是象征道体又"无"又"有"的玄妙，"无"在深不见底，"有"在包容万物。"鱼不可脱于渊"，犹"不失其所者久"，"渊"跟"所"都是万物存在的活水源头，"脱于渊""失其所"，鱼固难以存活，人生也难以长久了。

"国之利器，不可以示人"，"利器"，从"器之利，在其用"来看，它是最有效能的利器；而"利"，当"锐利"解，它又是最具杀伤力的利器。"国之利器"，从君上言，是最有效应的统治利器；从臣下言，是最具杀伤力的竞争利器。《韩非子·喻老》云："势重者，人君之渊也。""不可脱于渊"，是因为"失则不可复得也"。又云："赏罚者，邦之利器也。""不可以示人"，是因为臣子会"用其势"而"乘其威"。此韩非法家即从君上立场说解，而老子道家讲圣人无为、百姓无不为，即从下民之立场立论，以《老子》解《老子》，当然远比以"法"喻《老子》贴切。

六十五章云："民之难治，以其智多，故以智治国，国之贼。"又十九章云："绝巧弃利，盗贼无有。"足见"争盗"的利器，在于"巧利"；而"难治"的症结，在于"智多"。"多"即"巧"，人民争名、盗货，导致国家难治的利器，就在于"智"的"多"与"巧"，合而言之，就是智巧、算计。一者因其最有效，二者又具杀伤力，所以说"不可以示人"，也就是"以智治国"，会成为"国之贼"的根本理由。再看，"不见可欲，使民心不乱"（三章），"不见"即"不现"，就是"不可以示人"，因为给出了具有杀伤力的利器，心机权谋，大行其道；人民争盗，而国家难治。

故全章重心在"柔弱胜刚强"，一者消解了由"必固"的人为造作，转向"将欲"之适得其反的后果；二者引导天下回归天道自然的活水源头，以免落在智巧算计的人为伤害中。关键在于，主体修养的虚静明照，解悟"柔弱"远比"刚强"高明，而"利器"反而会带来灾难。

第37章　无名不欲的自化自定

　　　　　自然生化，欲求不作，无名朴实而生命自定。

道常无为而无不为，侯王若能守之，万物将自化。
化而欲作，吾将镇之以无名之朴。
无名之朴，夫亦将无欲；不欲以静，天下将自定。

道常无为而无不为，侯王若能守之，万物将自化。

《道德经》讲"无为"，又说"无不为"，"无为"不是什么都不为，而是无心地"为"，自然地"为"。"圣人处无为之事，行不言之教"（二章），圣人要处天下事，且行教人间，这是圣人生百姓之所当为。而如何"生"的政治智慧，或道法自然，或人文化成，儒道在此分家。

　　依道家的义理系统，圣人所处的是无为之事，所行的是不言之教,"处事"与"行教"是"为",而"处无为之事"与"行不言之教",则是"无为"。且圣人"无为"的本身,即朗现了"无不为"的自然理序。

此章为《上经》最后一章,正与第一章的形上思想遥相呼应。首章开宗明义,揭示了"道"的两面向,一是超越在万物之上的"无",一是内在于万物之中的"有"。"道"体是又无又有的"玄",本章则转言"道常无为而无不为",前者着重在对道体本身的性格描述,后者则显发落实在人间政治中的应世智慧。道之常在"无为"的本身就是"无不为";而不能解为"无为"是为了"无不为",如此则"无为"仅成手段,"无不为"才是目的,"无为"如同作秀演出,故作姿态,而不是价值觉醒的修养功夫。

此言"道常",也就是首章所说的"常道",有别于人为造作的"可道",可以言说、可以引导的"可道",已非常道本身。常道"生万物"的原理在又"无"又"有"的玄妙;而圣人体现天道,"生百姓"的原理在"无为而无不为","无为"是"无","无不为"是"有"。二者间不能断为两截求解,否则老子的思想即成权谋算计,那就不是"自知者明"的虚灵智慧,而堕为"知人者智"的智多星之流了。

天下侯王治国平天下,若能守住天道之常,天下万物就能在天道自然无为的生成作用中生养成长。"自化"就是自生自长。道体无为,而万物无不为。

化而欲作,吾将镇之以无名之朴。

问题是,在天道自然无为的生成作用间,人的形气物欲,会萌发鼓荡。此由"始制有名"的心知执着,暴冲而为"化而欲作"的人为造作,所谓"欲作",就在于名号的争逐奔竞。所以侯王治国,要以"无名之朴"来镇住由"始制有名"带动的"化而欲作"。"无名"对治"有名",将"欲作"化为朴质,"无"掉名号的排名排场,让"欲"求回归天生自然而不作,此之谓"无欲"。

无名之朴,夫亦将无欲;不欲以静,天下将自定。

老子说"无欲",不是从物欲本身说,而是从心知执着的介入干扰说。质实的欲求有时而穷,抽象名号(空名)的追逐却无穷无尽,故从无心无知说"无欲",无掉心知的扭曲助长,物欲本身仅是自然的需求,不会壮大蠢动而成为人间的灾难。能守住"无名之朴",在自然生化中欲不作,这就是所谓的"复归于朴"。

"无欲"是功夫的修养,"不欲"则是状态的描绘,"欲"

回归自然素朴中,不再成为生命的负累,此时呈现的生命状态是平静而和谐的。老子所谓"归根曰静,是谓复命"(十六章),人人回归生命的根土,回归乡土的厚实,天下百姓的生命,就在圣人的"无为"中"无不为",官方"无为",民间就拥有"无不为"的空间。"自定"就是自在自得;人人自在,人人自得,不就天下太平了吗?

第38章　不德有德的虚用玄理

"不德"是心知的化解,"有德"是作用的保存。

上德不德,是以有德;下德不失德,是以无德。

上德无为而无以为;下德为之而有以为。

上仁为之而无以为;上义为之而有以为;上礼为之而莫之应,则攘臂而扔之。

故失道而后德,失德而后仁,失仁而后义,失义而后礼。

夫礼者,忠信之薄,而乱之首;前识者,道之华,而愚之始。

是以大丈夫处其厚,不居其薄;处其实,不居其化。故去彼取此。

上德不德,是以有德;下德不失德,是以无德。

《老子》成书在《论语》之后,《上经》开宗,反省《论语》

的"志于道",曰"道可道,非常道",故亦称《道经》;《下经》明义,批判《论语》的"据于德",曰"上德不德,是以有德",故亦称《德经》。老子不仅反思了孔子所说的"道"与"德",且对于仁、义、礼、智的价值理念,亦有系统性的义理鉴定。

"上德"与"下德"的上下二分,一如"常道"与"可道"的超越区分,皆系属于主体的修养。德分上下,乃从实有层而言,上德有德,而下德无德,这是问"是什么"的界定问题,此属常识的认知;而老子的道家心灵,问的却是"如何可能"的途径问题。有德是上德,问题在于如何有德?此不在知识技艺层次说,不在制度层次说,而是在心灵修养的智慧层次说,老子的玄思妙答,在于"不德"才有德,"不失德"反而无德,这是从"作用层"而言。

"不德"不从生命的实有层否定德的存在,而从心知的作用层解消"德"的执着。不自以为有德,"绝圣弃智"也"绝仁弃义"(十九章),此在心知上化解了仁义的高贵,也化解了圣智的傲慢,德行回归自然,不作秀演出,少了人为造作,道德不会自我异化,变质而为权威教条,或僵化而为形式化的德目,避开了礼教吃人的副作用,而保存了德行的纯真。"不失德"则是心知起了执着,而恐其失落,造作过甚,生命被掏空,反而压缩了德行自在的空间,故曰

"无德"。

上德无为而无以为；下德为之而有以为。

此"不德"的心知化解，下文以"无为而无以为"来解说，"不失德"的执着滞陷，以"为之而有以为"来定义。"无为"与"有为（为之）"的区隔，就从"心"说，"无以为"与"有以为"的"以"，当"因"解，指涉的是人生的"为"，有没有怀抱特殊的功利动机，若有就是"有以为"，若无则是"无以为"。故所谓无为，不是什么都不为，而是无心自然地"为"；所谓有为，乃是有心造作地"为"，藏有其他的原因和目的。

上仁为之而无以为；上义为之而有以为；上礼为之而莫之应，则攘臂而扔之。

老子就依据上下德的界说，来评量儒家仁义礼智的价值理念。"上仁为之而无以为"，处在上下德之间的分位，"为之"属下德，"无以为"则属上德。依《论语》，樊迟问仁，而子曰："爱人。"爱人已付诸实践，所以说是"为之"；再从"为仁由己"与"仁者安仁"来看，"仁"的本身就是目的，未夹杂功利的动机,所以说是"无以为"。由是而言,老子对"上仁"的评断,堪称允当。

"上义为之而有以为"正与"下德"的界定完全等同。"义"的自觉担负是"为之",而"义"的价值标准与价值判断则是"有以为",此已然落在"下德"的层次。"上礼为之而莫之应,则攘臂而扔之",礼更是等而下之,因为礼制是行为模式,是"为之",且是价值规范,是"有以为";而制度的外在化,欠缺内在生命的直接感应,仅能诉诸强制力,高举双臂来指引天下人。

故失道而后德,失德而后仁,失仁而后义,失义而后礼。

底下,老子将自家的"道"跟"德",与儒家的仁义礼智,做了一番系统性的串联。"失道而后德",说道既超越又内在,有如"朴散则为器"(二十八章),是存有论的语句,"无名之朴"的道,散开而存在于有形的器物中,此天生本真的存在本质,就是"德"。不过,"失德而后仁,失仁而后义,失义而后礼",就不再是存有论的语句,而是价值论的评断,道与德是天人的纵贯关系,由德而仁,由仁而义,由义而礼,则是内外关系。"失德而后仁",是由无心而有心;"失仁而后义",是由有心而有知;"失义而后礼",是由有知而有为,此所谓"失",

已有价值流失的意涵,由天生本真的德,往外走的每一步,在道家的省思来看无异是一步步地往下掉,有心、有知、有为,逐步地往外漂流,也逐步地往下沉落,故"大曰逝,逝曰远",总要"远曰反"(二十五章),由礼而返归义,由义而返归仁,再由仁而返归德,"复归于婴儿"与"复归于朴"(二十八章),即是由漂流于外而返归于内,且由沉落于下而返归于上,一如《易传》"形而上者谓之道",由仁、义、礼、智而返归于道德的形上根源。倘若,仁、义、礼、智未与道德的形上根源连线统贯,失落了生命的源头活水,终将陷于枯竭的困境。

此《韩非子·解老》作"失道而后失德,失德而后失仁,失仁而后失义,失义而后失礼",更清晰地凸显了道德的先在性。这一长串的反思批判,关键在于"失德而后仁",孔子所说"天生德于予"的"仁"心,在天人关系的位阶上,正与老子所说的"德"等同,今谓"失德而后仁",似有失公允。在老子的思想体系中,德无心而仁有心,在自家系统中可以成立,却未必会被儒家所接受。

夫礼者,忠信之薄,而乱之首;前识者,道之华,而愚之始。

道德的外在化是礼,"夫礼者,忠信之薄,而乱之首",由于远离内在的真实，人我间未生发情意与理想的感应契合，行为的规范成了强迫性的道德，天下人由反感到反抗，人间纷扰就此而来，故曰"乱之首"。儒家仁、义、礼之下则为智，下文即云："前识者，道之华，而愚之始。""前识者"，是前知者，此既不是宗教信仰的先知，又不是以科学知识预测的未来，而是出于心知的执着与人为的造作，不仅"当下即是"的人生美好因而失落，且连未来的可能空间也被抹杀，故前知者看似精明，实则愚昧，仅是道的浮面光采，而不是虚静明照的大智慧。

是以大丈夫处其厚，不居其薄；处其实，不居其华。故去彼取此。

最后，以"大丈夫处其厚，不居其薄；处其实，不居其华"作结，大丈夫不必是儒家的专利，也可以是道家式放得下、看得开的智能型人物。"厚"是天生本真的朴实，"薄"是忠信之薄的礼；"实"是虚静明照的智慧，"华"则是执着预断的前知。人生存在的抉择，在于舍去薄弱浮华的"礼"跟"智"，而认取朴质厚实的"德"与"明"。人生要以心知的"明"，来照现生命的"德"，这就是老子的生命大智慧。

第39章 天清地宁的得一本基

地位的高,身份的贵,从卑下低贱的自我解消而有。

昔之得一者:天得一以清,地得一以宁,神得一以灵,谷得一以盈,万物得一以生,侯王得一以为天下贞。其致之。

天无以清将恐裂,地无以宁将恐发,神无以灵将恐歇,谷无以盈将恐竭,万物无以生将恐灭,侯王无以贵高将恐蹶。

故贵以贱为本,高以下为基。是以侯王自谓孤寡不谷,此非以贱为本邪?非乎?

故致数舆无舆。不欲琭琭如玉,珞珞如石。

昔之得一者:天得一以清,地得一以宁,神得一以灵,谷得一以盈,万物得一以生,侯王得一以为天下贞。其致之。

形上道体是天地万物的实现原理,天地万物的存在根基,就在于道体之既超越又内在的生成作用。

　　道体的本身独一无二，天地万物的杂多，皆由道体的纯一而来。故以"昔之得一者"，总说自古以来天地万物的存在，皆"得一"而有，这是存有论的"得"，天的清明、地的安宁、神的灵验、谷的包容（盈）、万物的生成、侯王的贞定天下，凡此天地万物、人间侯王的存在本质，皆是得自于"道"的"德"。"一"是道体生万物的作用，"德"则是万物得自于"道"的天真，而以"其致之"总结。"其"指涉天地万物，"之"指涉道体的"一"，其致由之，意谓天地万物的存在本质，皆从"道"来。

天无以清将恐裂，地无以宁将恐发（废），神无以灵将恐歇，谷无以盈将恐竭，万物无以生将恐灭，侯王无以贵高将恐蹶。

　　接着则转论功夫论的"得"，天无以清、地无以宁、神无以灵、谷无以盈，说的是天无由而得以清，地无由而得以宁，神无由而得以灵，谷无由而得以盈，意谓天清地宁、神灵谷盈的存在本质，无由而朗现，因为没有途径也就出不来，存在的根基因而动摇，天不清、地不宁，就天崩地裂，神不灵、谷不盈，也就不成其为神谷，再往下说，万物不生还有万物吗？侯王不贞定天下还能称之为侯王吗?

无由而得,失去了朗现自我的途径,说的是修养的功夫,故整体的关键落在侯王的身上,侯王若能"抱一为天下式"(二十二章),回归"道法自然"的清静无为,不以贵高干扰天地神谷的清、宁、灵、盈,在无为中无不为,百姓万物也就可以有自在自得的空间了。

此中有一耐人寻味之处,即"侯王无以贵高将恐蹶",看上下两段的语文脉络,当作"侯王无以为天下贞将恐蹶",侯王"为天下贞"的存在本质,也就是身为侯王的价值定位,竟被移转为身份的"贵"与地位的"高","为天下贞"的"应然",沉落而为"贵高"的"实然",可能因下文的"贵以贱为本,高以下为基"而误植,甚至是讨好权贵者所篡改。

故贵以贱为本,高以下为基。是以侯王自谓孤寡不谷,此非以贱为本邪?非乎?

此段则为前头两段的统会,归结在侯王的政治智慧。侯王权位的"贵高",当还原为存在本质的"为天下贞",而"以贱为本""以下为基",则是侯王自觉的修养功夫,也就是不自以为圣智的"高",也不自以为仁义的"贵",放下高贵,而把自身放在"贱"与"下"的位置,如同"处众人之所恶,故几于道"的"上善若水"(八章),在最卑微的地方,做最高贵的事业,依天道生万物的原理,侯王得以体悟生百姓的智慧,故"自谓孤寡不谷",侯王虽位高权重,仍以孤家寡德自居,而不敢自以为善,此即由"贱"与"下"的修养功夫,而保有"为天下贞"的存在本质,亦即由功夫论的"得",而保住了存有论的"得"。

故致数舆无舆(誉)。不欲琭琭如玉,珞珞如石。

最后,"致数舆无舆",有心有为地试图去求取"数舆"的"贵高",反而会以"无舆"的"将恐蹶"收场,王朝权位也就崩颓解体了。另说引《庄子·至乐篇》的"至誉无誉",说求至高的声誉,反而掉落在无誉的结局,皆以人为造作、适得其反来说解。故人不要显现"琭琭如玉"般的光采,而要有"珞珞如石"般的涵藏。玉石本一,玉外现而石内敛,此朴实无华的回归自然,正是"道常无为而无不为"(三十七章)的价值体现。

第40章 有生于无的虚灵妙用

天下万物生于道的"有",而道的"有"生于道的"无"。

反者,道之动;弱者,道之用。
天下万物生于有,有生于无。

五千言《道德经》,堪称一部极尽精微的无上宝典,而经典中的经典,最精简而又奥藏玄义的篇章,则非点出"有生于无"的此章莫属。

反者,道之动;弱者,道之用。

依字面说解,道体的动向在于"反",道体的妙用在于"弱"。问题在于,何谓"反"?整部《道德经》说"反"的篇章,除了本章之外,另有三处:一在"大曰逝,逝曰远,远曰反"(二十五章);二在"玄德深矣远矣,与物反矣,然后乃至大顺"（六十五章）；三在"正言若反"（七十八章）。此中，"反者，道之动"与"正言若反"，皆属孤立的语句，欠缺上下文可资参证求解。唯"正言若反"，"反"即"正"的对反，不可能有他解，此言"正面的道理从反面说"，如"大道废，有仁义；慧智出，有大伪"（十八章），"有仁义""慧智出"的正面，却从"大道废""有大伪"的反面说；他如"大巧若拙"（四十五章）及"明道若昧""大白若辱"（四十一章），正面的"巧"从反面的"拙"说，正面的"明"从反面的"昧"说，正面的"白"从反面的"辱"（黩）说。而"反者，道之动"的"反"不可以直接说解，说"道的动向朝自家对反的路上推进"，此说不可理解，因为形上道体不落在相对说。

故"反者，道之动"，可与"大曰逝，逝曰远，远曰反"对看而求解。道体不可说，"强为之名曰大"，"大"在它一往前行（逝）且无远弗届，此即"道之动"；"远曰反"说道不管在多远的地方，它总是回归它自己，那不就是对"反者，道之动"最贴切的解释吗？

再与"玄德深矣远矣，与物反矣，然后乃至大顺"整合求解，"玄德"就是天道又无又有之既深且远的生成作用，一如"大曰逝，逝曰远"的"道之动"，而"与物反矣"，正是"远曰反"，说的是道体带着万物回归它自己的生成作用中，"然后乃至大顺"，"大顺"意谓在道体的带动之下，万物呈现出整体的和谐。

"弱者,道之用",是说道体的生成作用,实现原理就在于道体本身是"虚"是"无",而以"柔弱"的姿态出现。道体没有自己,而把空间留给万物,万物才愿意随道的动向而运转,不必担心会被宰制。故从道体的虚用说,是"大曰逝,逝曰远,远曰反"的"与物反矣";从主体的观照说,是"归根曰静,是谓复命"(十六章)的"复归于婴儿"(二十八章),此两义会通求解,"反"当回归解,这可以说是"反者,道之动"最为恰当的理解了。

天下万物生于有,有生于无。

原来,"反者,道之动"的根本原理,就在于"弱者,道之用"的虚无妙用,所以归结至"天下万物生于有,有生于无"。"反者,道之动"说的是"天下万物生于有","弱者,道之用"说的是"有生于无"。整章的逻辑结构,就此一体统贯,而不是三者分立的各自表述。

《老子》首章开宗明义,说道有两面向,此章则言道有双重性。依"功成而弗居,夫唯弗居,是以不去"(二章)来看,本来"功成而弗居"的处世智慧,是"功成"在先,而"弗居"在后,此为时间的先后;未料,老子的形上体悟,在此有一大翻转，是"弗居"在先，而"功成"不去在后，此为形上的先后。"弗居"是"无"，"不去"是"有"，因为"弗居"，所以"功成"，"功成"由"弗居"来，"有"从"无"来，这就是"有生于无"的形上体悟。

第41章 道隐无名的善贷且成

道从来不打出自己的名号,在成就万物中成就自己。

上士闻道,勤而行之;中士闻道,若存若亡;下士闻道,大笑之,不笑不足以为道。

故建言有之:明道若昧,进道若退,夷道若颣。

上德若谷,大白若辱,广德若不足,建德若偷,质真若渝。

大方无隅,大器晚成,大音希声,大象无形。道隐无名。

夫唯道,善贷且成。

上士闻道,勤而行之;中士闻道,若存若亡;下士闻道,大笑之,不笑不足以为道。

士处在贵族与庶人之间,"士志于道"已成无所逃的理想担当。儒士"仁以为己任",固任重而道远;道家"古之善为士者"(十五章),也是体道之士,只是道家所体现的"道",不在人文化成的"道",而在于道法自然的"道"。

农工商各忙生计,士唯"志于道"而已!而人道的价值规范源自天道,故士由闻道而行道,进而实现"天下有道"的理想。而士分上、中、下三等,士皆闻道,而以"行"论定士品之高下。

上士勤行,下士不行,中士则摇摆在上下之间。"若存若亡",当"或存或亡"解,即有时存、有时亡,与上士为友则因勤行而体现道,与下士混同则因"大笑之"而失落道。老子在此展现了"人不知而不愠"的幽默感,不仅不气苦,反而自我解嘲,说他们不笑还真显不出我说的是道呢!

"闻道"尚在言说的层次,若未勤行实践,道亦徒托空言而已!勤行者道行高深,是为上士;不行者未有道行,是为下士。《庄子·齐物论》有言:"道行之而成,物谓之而然。"依道行之有成与否,而给出物然之评价。"然"是存在的价值,上、中、下三品的论定,就是对人物一生道行的评价。

故建言有之:明道若昧,进道若退,夷道若颣。上德若谷,大白若辱,广德若不足,建德若偷,质真若渝。

士闻道而行道,而道不可说,故以"建言有之"引为行道的准则。这一长串"建言",可归纳为三系列来诠表:先说"道"的系列,"明道若昧,进道若退,夷道若颣",意谓光明的道看起来像昏昧的,前进的道看起来像后退的,平坦的道看起来像丝节般不平的。次说"德"的系列,"上德若谷,……广德若不足,建德若偷,质真若渝"(依刘师培说,"真"字疑为"悳"字,字形相似而误植,"悳"为"德"之正文),意谓崇高的德看起来像深谷,广大的德看起来像欠缺,刚健的德看起来像偷惰,质朴的德看起来像虚空。其中"大白若辱",与后段的"大方无隅,大器晚成,大音希声,大象无形",同属"大"的系列,意谓道的光照看起来像黑的,道的作用(大器)最后才成就他自己。

大方无隅,大器晚成,大音希声,大象无形。道隐无名。

另帛书乙本中,"晚"作"免",而"免"当"无"解,故"免成"是不求成,此大器无成,正与"大方无隅""大音希声""大象无形"语式一贯。"大"指涉道,而道体的存在,无声无形无方所也不求成。"大方无隅"即"搏之不得名曰微","大音希声"即"听之不闻名曰希","大象无形"即"视之不见名曰夷"(十四章)。总说是"道隐无名",意即道体把自身隐藏在无名中，故又云："道常无名。"（三十二章）道之隐即道之常。此"隐"字正点出了诸"若"字的意涵，虽看起来像，事实上则不是。故"若"如同"隐"，皆藏身于"无"，无心无为是修养功夫，这是老子"无"了才"有"的生命大智慧，在"无"中保存"道"，成全"德"，而朗现"大"。

夫唯道，善贷且成。

最后，归结在"夫唯道，善贷且成"，道体以存在于万物之中的方式来生成万物。"善贷"是无心自然的赋予，如同银行贷款给各大厂商，就在厂商的投资创业中成就银行自身，士由闻道而行道，就在天下有道中成就士自身。

第42章　负阴抱阳的冲气和合

心知减损则生命开阔，心知增益则生命萎缩。

道生一，一生二，二生三，三生万物。

万物负阴而抱阳，冲气以为和。

人之所恶，唯孤寡不谷，而王公以为称。故物或损之而益，或益之而损。

人之所教，我亦教之，强梁者不得其死，吾将以为教父。

道生一，一生二，二生三，三生万物。

形上道体要担负万物的存在，问如何担负？答曰让万物的存在合理。因为合理才能保证万物的存在，前者是德行，后者则是福报了。

"无，名天地之始；有，名万物之母。"（一章）此说道体的两面性,是就道体本身说,显"无"性而为天地之始;就关涉万物说,显"有"性而为万物之母。始是根源义,母是生成义,道体既是天地万物的根源,又要担负天地万物的生成。

"天下万物生于有,有生于无。"(四十章)此由下往上的追问生成万物的本体为何,属本体论的范畴;而"道生一,一生二,二生三,三生万物",则由上往下地解说生成万物的原理,属宇宙论的范畴。统而言之,则为本体宇宙论,由形上道体来解释万物的存在。

此一、二、三的分解,牟宗三大师根据第一章说:一是无,道体本身要通过"无"来了解;二是无与有,通过道体两面向来检视道;三是又无又有的玄,通过无与有的对立浑化,来显发道的妙用。"玄之又玄,众妙之门"(一章)不就是"三生万物"吗?此说诚然高明,纯理干净而又不生尘染。

唯扣紧本章的语文脉络来看,道本身是"无",道生一的"一"是"有",一生二的"二"则是天地。《道德经》说天地,有时拉下来与万物平齐并列,如"无,名天地之始;有,名万物之母",此天地与万物位阶等同,前者总称,后者散说;有时往上提,推极于道,如"天长地久"(七章),"天地不仁,以万物为刍狗"(五章),则天地等同于道体,故"二"指涉的是推极于道的"天地"。二生三的"三",则是"天地相合,以降甘露"(三十二章)的天地和合了,甘露是滋养万物的甘泉活水。此一、二、三都在形上原理的层次做分解的说明,而以"三生万物"作结。

万物负阴而抱阳,冲气以为和。

此句则落在形而下的层次,去解析万物存在的形构之理。而形构之理从存在之理而来,存在之理是就纯理而言的,形构之理则是涉及"气"的。故在存在之理的映照之下,形构之理的"一"是气,"二"是阴气与阳气,"三"是阴阳之和。这里从"天地之和"的存在之理来解说"阴阳之和"的形构之理,比较直接而且贴切。问题在于,"天地之和"是由道体冲虚的形上原理来保证的,而"阴阳之和"则有待人的修养功夫了。

"冲气以为和",冲就是虚,气的虚从心的虚来,故功夫在"心"上做,心虚静,气也虚静,无执着,不造作,就不会消化不良、心律不齐或内分泌失调了。

人之所恶,唯孤寡不谷,而王公以为称。故物或损之而益,或益之而损。

此下再由人物的"冲气以为和",推向人间的感应和合。"人之所恶,唯孤寡不谷,而王公以为称",天下人所厌恶而想逃离的就是孤立寡德而不善，何以王公贵高而要以此贱下自称，这就是"冲虚"的修养功夫了。"物或损之而益，或益之而损"，此言人的生命存在，在心知上减损，生命却自在许多，反之，在心知上增益，而生命却会被压缩，故王公权贵要内敛涵藏，别抢尽人间的光采。

人之所教，我亦教之，强梁者不得其死，吾将以为教父。

最后，依"人之所教，我亦教之"的人间通则，将"柔弱胜刚强"的人生智慧，浓缩在"强梁者不得其死"这一句格言中：不论栋梁或桥梁，都需要强力的支撑撑起整体架构的压力，都可能会因负累而累垮，所以说"不得其死"，即难以善终之义。"吾将以为教父"，就以此一格言作为教导天下的根本。

第43章 不言无为的至柔教益

> 水没有自己,水无所不在。

天下之至柔,驰骋天下之至坚。

出于无有,入于无间。

吾是以知无为之有益。不言之教,无为之益,天下希及之。

天下之至柔,驰骋天下之至坚。

老子的形上体悟,道体冲虚而生成万物,其人生智慧,就在于"天下之至柔,驰骋天下之至坚"。天下至柔之物,水堪称其中之最,水没有自己,却无所不在,水往低处流,在最卑微的地方,却滋润万物。老子说:"上善若水。"(八章)因为水体现了天道的生成原理。别看水性柔弱,却可以驰骋在如钢筋水泥般的至坚之中。

所谓"驰骋",意谓来去自如,不受拘限。"至柔"是"无","至坚"是"有","至柔"透入"至坚"中,亦如"有生于无",因为至坚的钢筋水泥,少了至柔之水的透入,也就凝固不住而成不了其刚强了。人的生命主体,要"致虚极,守静笃"地做"无"的修养功夫,虚的极致与静的笃守,是谓"至柔"。心既虚静,化掉了心知的名利心与权力欲,也解消了形气的优越感与英雄气,人间已无至坚之物可供争逐,人物亦无至坚之物可待留守,"至柔"化掉了"至坚",说驰骋亦属虚说,已成多余。"至坚"已被"至柔"化解,人、物走在人间,也就无入而不自得,再也没有制约牵绊了。

出于无有,入于无间。

此句王弼本作"无有入无间",依刘师培所言:《淮南子·原道训》引作"出于无有,入于无间",此老子古本也。王弼本云:"气无所不入,水无所不出于经。"此"无所不出于经",当作"无所不经",而与上文"无所不入"相对。"出于"二字必属"无有"上之经文,后人传抄误入注文。此说持之有据,故据刘说改。

"无有"是"至柔","无间"是"至坚","出于无有"是出于一无所有的心灵涵养,"入于无间"是透入没有空隙的天下万物中。《庄子·养生主》有云："彼节者有间，而刀刃者无厚，以无厚入有间，则恢恢乎其于游刃必有余地矣。"老庄对看之下，老子说是"无间"，庄子则谓之"有间"，看似相反，实则义理等同。"无间"是名利权势有如天罗地网，拉引天下才士尽入我彀中；"有间"则谓人间世既属人跟人之间所构成的关系世界，再紧密的联结甚或权谋算计，总是有空隙的，关键在于生命主体之"无有"与"无厚"的化解功夫。即使再窄小的空间，亦可循隙而行；即使有如牛体之骨肉缠结处，看似没有空间，亦可迎刃而解。

再进一层言之，所谓"无有"，"无"当动词用，"无"掉了"有"，就不用去捍卫撑持，不必担心是否出现间隙，而让别人乘虚而入。原来，我们执着于一个"有"，就成了我们的弱点，"间"隙的弱点就由"有"的执着撑持而来。实则，"无有"就"无间"了，我什么都不要，我就什么都不怕了。我"无"了自己的"有"，就可以融入看似无间的天下万物中，情景交融，也物我两忘，何止无患，根本就是美感朗现了。

吾是以知无为之有益。不言之教，无为之益，天下希及之。

老子最后给出了人生的智解妙悟，"吾是以知无为之有益"，

"知"是体悟,无掉了人为造作,而远离生命的自困自苦,故谓"有益"。"无为"是"无之以为用","无为之益"则是"有之以为利"(十一章),"有"之利从"无"之用来,"无"的化解妙用,彰显在生命自在的"有"上。落在群体社会而言,"圣人处无为之事,行不言之教"(二章),"无为"从"无心"来,而言为心声,故"无心"即"不言",由"不言之教"带出"无为"之事,圣人不扰民,给出"百姓皆谓我自然"的自在空间,故云:"天下希及之。"普天之下,再也没有比"不言之教,无为之益"更高明的政治智慧了。

第44章　爱名藏货的大费厚亡

> 足于自身远离屈辱，止于真实永不毁坏。

名与身孰亲？身与货孰多？得与亡孰病？
是故甚爱必大费，多藏必厚亡。
知足不辱，知止不殆，可以长久。

名与身孰亲？身与货孰多？得与亡孰病？

此章一开头，就抛出了三个天大的问号，直接敲在每一个人的心底。第一个问号在"名与身孰亲"后，在外在的声名与生命本身之间，何者对我们来说，是比较亲切的？第二个问号在"身与货孰多"后，在外在的财货与生命本身之间，何者对我们来说，是比较重要的？第三个问号是针对二者综合而言，"得与亡孰病"，意谓得到了外在的声名货利，却失去了生命本身的自在美好，请问二者之间，何者对于我们来说，是比较痛苦的？

此三大逼问，老子没有直接给出解答，而答案就在每一个人的反躬自省中给逼显出来。声名与货利皆属身外物，生不带来死不带去，生命本身对每一个人的存在而言，才是亲切的真实存在，也才是重要的价值拥有，为了得到本是身外物的名号与财富，却痛失生命本身的自在美好，那就是价值观的错乱颠倒与存在感的迷失困惑了。

是故甚爱必大费，多藏必厚亡。

其理由就在"甚爱必大费，多藏必厚亡"的因果串连，甚爱"名"必大费"身"，多藏"货"必厚亡"身"。心知执着"名"与"货"，人为造作跟进，在名利场中奔竞争逐，穷其一生为了终究成空的排名与流转不定的货利，才气挥洒且机关算尽，把自身烧为灰烬，是为"厚亡"身；且耗损元气，生命力大透支，天真本德亦流失不存，是为"大费"身。此不仅不可能，也是不值得。"不可能"在过度耗费，造成损伤，气魄能量支撑不住；"不值得"在以真实美好的生命本身，去换取虚妄幻化的声名货利。外在名利的求"得"，已属不可能；生命本身的"失"落，更是不值得。世间人却老是执迷而不悟，当然是生命的大伤痛了。

知足不辱，知止不殆，可以长久。

老子抛出了问号，又在价值天平上做出了评量，生命到此终究有了体悟，"知足不辱，知止不殆，可以长久"，知足的人可以远离屈辱，知止的人可以避开毁坏；问题在于，要"足"于何处，能"止"于何方？依语文脉络来看，可以断定是足于"身"，且止于"身"。此生命本身不指涉形而下的形气物欲，而指涉形而上的天真本德；且所谓的"足"，不是寻求物欲的满足，而是保有天真的值得。而所谓的"止"，是依止、停靠，如鸟飞要栖于树，舟行也得靠于岸，人间行走也要有安身立命之地。三十三章云："不失其所者久。"此"所"是价值理想的终极之地，在最高的理想之所，才会是生命最后的归宿。在道根德本之所，人人足于生命本身，不用再漂泊流落，不必再攀缘投靠，也就不会难堪屈辱，此之谓"知足不辱"。且人人止于天真本德，心中无名利权势，不在街头纷扰的此消彼长间摆荡，生命本身也就不会挫折毁坏，此之谓"知止不殆"。

生命本身可以自我完足，天真本德可以依止停靠，远离了屈辱，且避开了毁坏，不辱不殆，不就可以长久地保有人生的自在美好吗？所以老子归结说："可以长久。"

第45章　若屈若拙的大直大巧

大巧把自身藏在笨拙间。

　　大成若缺，其用不弊；大盈若冲，其用不穷。
　　大直若屈，大巧若拙，大辩若讷。
　　躁胜寒，静胜热，清静为天下正。

大成若缺，其用不弊；大盈若冲，其用不穷。

　　《道德经》说"大"，均指涉道体的生成作用。"吾不知其名，字之曰道，强为之名曰大"（二十五章），道体寂静无声，空阔无形，无形象也就无名号。名号皆定名，称谓（字）皆虚意。定名由客观存在的抽象而得，虚意则由主体生命的理念而发。从理念非客观实存说"虚"，从理念出自主体证悟说"意"，道体非抽象定名，而系"涉之乎无物而不由，则称之曰道"(《老子微旨例略》)的理念虚意。人人皆走在"道"的路上，万物皆由"道"而来。故"大成""大盈"皆指涉道体在若缺中成其不弊之用，在"若冲"中成其不穷之用。道体生成万物故说"大成"，道体遍布万物之中故说"大盈"。

而道体能生成万物、遍布万物的原理，就在于道体本身的"若缺""若冲"所生发的妙用。"缺"是欠缺，"冲"是冲虚，皆属道体本身的"无"性。说是"若"，意谓表面看起来近似，实质上则不是。方东美教授就以道体、道相与道用来理解，"大成""大盈"是道体，"若缺""若冲"是"道相"，"其用不弊""其用不穷"是道用，此解堪称精到。唯道体不会坏掉，也不会穷尽生成妙用的"有"，根本就在于道体本身"若缺""若冲"之自我解消的"无"，故说是道相，仅是道临现人间所摆出的姿态，实则是道体本身的修行，故说"道行"更为贴切。

全句的关键在于"若缺""若冲"，道体自身藏在"若缺""若冲"中，"道隐无名"(四十一章)也"道常无名"(三十二章)，道之隐即道之常，且隐之"无"中，生出常之"有"，又有又无说是"玄"，"玄"妙在生成万物的"大成"，在奥藏万物的"大盈"。

大直若屈，大巧若拙，大辩若讷。

此段句型结构虽简化，蕴含之义理则等同。道体的正直看起来像是委屈无知,道体的精巧看起来像是笨拙无为,道体的说法看起来像是木讷无言,但就在无心无知、不言无为中,生发其生成万物的妙用。落在人世间而言,真正的正直,看似委屈而实伸展;真正的精巧,看似笨拙而实美妙;真正的辩才,看似木讷而实透辟。故"若屈""若拙""若讷"是作用层的化解,"大直""大巧""大辩"则是实有层的保存。此由心知的化解而有化解的作用,再由化解的作用保存实有的美好,正是道家贴近世俗人间的大智慧。

躁胜寒,静胜热,清静为天下正。

依"静为躁君"(二十六章)看,经文当作"静胜躁"而"寒胜热",静寒的清静可以克服生命的躁热,所以说可以作为天下的价值典范。不过,此说未必成立,在欠缺校勘考据的支持之下,更改经文求解,根本不合理。

何况,动可以克服寒冷,静可以克服暑热,相对的动静,各有其自然的功能,而由"若缺""若冲""若屈""若拙""若讷"的修养功夫所开显之"大成""大盈""大直""大巧""大辩"的境界,就是超越在动静相对之上的"清静",此即"静为躁君"的"静",既成其大,又为之君,就由此说可以"为天下正"。五十七章云:"我好静而民自正。"圣人清静无为,天下人民可以回归自家的美好,不正也正了,所以说"民自正"。

第46章　可欲欲得的罪咎无道

战马回归田园耕作是生成，母马在战地生下小马则是毁坏。

天下有道，却走马以粪；天下无道，戎马生于郊。
罪莫大于可欲，祸莫大于不知足，咎莫大于欲得。
故知足之足，常足矣。

天下有道，却走马以粪；天下无道，戎马生于郊。

形上道体无所不在，所谓"周行而不殆"（二十五章），说的是天道遍布万物之中，且永不毁坏。故说天下有道、无道，乃就人间政治而论，而不是说天道本身的在或不在，有或没有。再看十八章云"大道废，有仁义"，也是说大道从不废弃它自己，是人间失落了大道。

天下有道，是道行人间，天下太平；天下无道，是道不行人间,战乱连年。道行人间,在无为中无不为,与民休养生息。"却"是后撤回调,"走马"是驰骋在战场的"马","以粪"是用来粪田施肥。反之,道不行人间,驰骋畋猎,而兵强天下。"戎马"是征调上战场的马,"生于郊"是母马在两军交战之地生下小马。此用"粪田"的太平景象与"生于郊"的战地荒凉,做一印象鲜明的对比。"粪田"的农耕农作,是生成;"生于郊"的遍地烽火,是毁坏。

"却走马以粪",是将毁坏转为生成;"戎马生于郊",却将生成堕为毁坏。因为在战地产下的小马,是难以存活长成的。故天下有道,无心无为则生成百姓;天下无道,有心有为则置百姓于死地。人间是生成还是毁坏?完全系于当政者的一念之间。

罪莫大于可欲,祸莫大于不知足,咎莫大于欲得。

"罪莫大于可欲",王弼本并无此句,此处是据他本增补。这三句连读下来,将"不知足"置于"可欲"与"欲得"之间,正可以作为中介桥引,使整段义理更为完足。

"可欲"是由心知的执着与预期,期盼可以拥有什么,在等待中逼出迫切感,民心会由痴迷、热狂而走向冷酷,在"心使气曰强"(五十五章)之下,迫使自己走向"勇于敢则杀"

(七十三章)之路。所以说，人间的罪责没有比"可欲"更大的了。

"祸莫大于不知足"，"可欲"是心知执着于外在的名利权势，其症结就在于"不知足"，不知生命自身本就完足，才会有虚欠感，而往外寻求，流落在名利圈与权力场的争逐奔竞间；不论是攀缘或投靠，都将痛失自家生命的真实。所以说，人间的灾难没有比"不知足"更重的了。

"咎莫大于欲得"，"咎"是过错，"欲得"是志在必得，由"可欲"的心知执着，冲向"欲得"的人为造作，在尚贤、贵货的误导下，去争名盗利。此人间已成战场，用尽心机算计，只问目的而不择手段，说是爱天下、救天下，实则是打天下、害天下。所以说，人间的过错，没有比"欲得"更重大的了。

故知足之足，常足矣。

知内在本就完足的人，才是真正的"足"，也才能是永远的"足"。三十三章云"知足者富"，足于内而无求于外，自家什么都有，什么都不欠缺，才是真正活出自己生命内涵的富有。不然的话，"足"的标准在外，随时在流转变动中，"足"只能是一时的；且争逐者众，变量太多，仅能各凭造化，充满了不定感，那就永远不可能足了。如是，可欲的罪责、不知足的灾难与欲得的过错，就成了挥之不去的噩梦了。

　　人人天生本真，人人自我完足，只有足于自身的天真本德，人生才可能有永远的足。现今的社会，什么都有，而在街头行走的人，心里什么都想要。因不知内在本足，而流落在外，由"可欲"而"欲得"，补习、加班、争排名，永远停不下来。"不知足"带来饥渴症，"可欲"形成工作狂，"欲得"则逼出过劳死，这不就是人间最大的罪责、灾难与过错吗？

第47章　不为而成的圣人道行

天下在我家，天道在吾身，何劳出户窥牖。

> 不出户，知天下；不窥牖，见天道。
> 其出弥远，其知弥少。
> 是以圣人不行而知，不见而名，不为而成。

不出户，知天下；不窥牖，见天道。

　　现代人读经典，大体不相应。主要的原因在于偏向知识性之平面、横向的思考，而少有修养论之主体纵贯的体会。知识性的论学，一者是抽象概念的思辨，二者是量化数据的检证，以此一进路，试图去理解形而上的天道，不仅不相应，甚至是背道而驰。

　　天道"寂兮寥兮"（二十五章）、无声无形，不是认知的对象，且天道内在于人的德行中，此德行与生俱来，人人皆有，与超越的天道是一体统贯的。所以，足不出户，便可以知天下，而且无须探首窗外，也可以见天道。因为天下就在每一个自我中，而天道也存在于人德中。问题在于，要通过朴质的自我，才可以了知天下的真相，要通过天真的人德，才可以透显天生万物的生成原理。《庄子·大宗师》云："有真人而后有真知。"真人的眼光所看到的天下，才是真的，真人的生命所体现的天道，也才是真的。

老子一者说"自知者明"（三十三章），二者说"知常曰明"（五十五章），"自知"是明，"知常"也是明，故"自知"即可"知常"，"不出户""不窥牖"是"自知"，"知天下""见天道"则是"知常"。道无所不在，每一个人只要回归自我，保有天真，心虚静明照，就可以照现天下、体现天道了。

其出弥远，其知弥少。

天道本存在于每一个人的生命中，故出户窥牖，往外寻求，越往前行而离道越远，当然也就"其出弥远，其知弥少"了。所谓"行万里路，胜读万卷书"，往外寻求是认知万物的形构之理，回归自我才是体现天道的存在之理。认知形构之理是知识，体现存在之理则是修养。当今的自然科学与社会科学,皆属形构之理的研究,人文学科则属存在之理的开发。前者是知识的学问,后者则是生命的学问,这是当代哲学大师牟宗三先生所做出的分判。

因此,生百姓的圣人,平治天下,要引领天下人走天道的路,既然"不出户,知天下;不窥牖,见天道","不出户""不窥牖",是"无为","知天下""见天道",是"无不为";"道常无为而无不为"(三十七章),这是道家千年传统中圣人体现天道之"无为而治"的政治智慧。

是以圣人不行而知,不见而名,不为而成。

老子所谓"不行而知",说的是"不出户,知天下";所谓"不见而名",说的是"不窥牖,见天道"。天道无形也无名,既不可见即不可名,故此所谓"名"指涉的是天道的生成作用。虽说看不到"道"的形影,而"道"的生成作用,却与万物同在同行。"不行而知"与"不见而名"统合起来,就是"不为而成"。"不行"与"不见",就是"不为",而"知"天下与"名"天道,则是"成","不为而成"也就等同于"无为而治"了。

昔日,秀才不出门,能知天下事,因为秀才读经典,半部《论语》可以治天下;现代人足不出户,在信息网络里,也可以有全球性的视野。问题在于,现代人欠缺的是"不窥牖,见天道"的形上体悟。少了自我的修养,宗教信仰的重心也因之外移,那就难逃"其出弥远,其知弥少"的批判了。

第48章　为道日损的无为无事

减损心知，生命安顿。

为学日益，为道日损。
损之又损，以至于无为；无为而无不为。
取天下常以为无事；及其有事，不足以取天下。

为学日益，为道日损。

孔子自称好学，对"为学"给出正面的肯定，云："古之学者为己，今之学者为人。"仅在强调修德讲学的本身就是目的，而不是求取功名利禄的手段。孔子有回告诉曾子说："吾道一以贯之。"从"博学于文，约之以礼"来看，孔门的"学"，在于学做人之道，跟今天认知意义的知识学问分属不同的层次，故"博学于文"是知识的学问，"约之以礼"以至"一以贯之"之道的体认,则是生命的学问。道家的老子,也有等同的洞见。

此"为学"与"为道"是超越的层次区分,而不是平对的界域分隔,正与《论语》"君子不器"而"士志于道"的价值论定两相呼应。器用由学而来,而君子成德,却重在"道"之理想的追寻。《易传》有云:"形而上者谓之道,形而下者谓之器。""为道"是形而上的生命进路,"为学"则是形而下的知识进路,一在为道成道,一在为学成器。问题在于,士君子的理想,不能停留在成就自身的器用,而当开发天下人的德行道路。此为儒道两家千古并行的人生智慧。

老子所谓的"损"跟"益",皆相对"心知"而说。"为学日益"是说,"为学"的功夫是每天在心知上求其增益;"为道日损"是说,"为道"的功夫是每天在心知上求其减损。"为道"所要减损的,正是"为学"所要增益的心知执着。其中"为学"的指涉意涵,不是现代价值中立的客观学问。

对道家而言,心有"知"的作用,而"知"的本质是执,"执"一定"着",着迹总有迹累,故道家的"知"与佛门的"识",同样具有负面的意义。心知引来情识,不仅执着,甚且陷溺。故"为道日损"的功夫,就在于对治"为学日益"所带动的执着与负累。

损之又损,以至于无为;无为而无不为。

这一"日损"的功夫,旨在消解"日益"的执着,"损之又损",意谓功夫的持续进行,从"无心""无知"而"无为""无欲",一路做洗涤、清除的功夫。"涤除玄览"(十章),洗涤、清除心知的尘垢污染,心灵虚静,就可以恢复形而上的观照能力,故"损之又损"的功夫,正所以开显"玄之又玄"(一章)的境界。

心知减损,不起执着造作,也就是无心无为,而"无为"的主体修养,即可朗现"无不为"的生成妙用。老子的思想,从本体宇宙论而言,是"有生于无";从修养功夫论而言,却是"无"了才"有","无"当动词用,是功夫的字眼,"无"了才"有",也就是"无为而无不为"的政治智慧了。

取天下常以无事;及其有事,不足以取天下。

老子从"无心"说"无为","无为"也就无事,不滋生事端也就远离纷扰,天下本无事而归于平治,所以说"取天下常以无事",此"取天下"不是打天下,而是治天下。倘若在位者有心有为,"有为"也就有事,那就"不足以取天下"了。

老子教导我们,"物或损之而益,或益之而损"(四十二章),

心知减损，生命反见增益；心知增益，生命反见减损。故人生路上，要走"为道日损"的路，功夫日损，道就在当下、眼前朗现，还需要往外寻求吗？

第49章　圣人无心的德善德信

在清静无为中，人人皆善皆信。

圣人无常心，以百姓心为心。

善者吾善之，不善者吾亦善之，德善；信者吾信之，不信者吾亦信之，德信。

圣人在天下，歙歙；为天下浑其心。百姓皆注其耳目，圣人皆孩之。

经典之所以为经典，在"成一家之言"外，还得"通古今之变"，依据《道德经》道贯古今的"道"，来省思当代之政局民情，不仅贴切，还显深刻呢！

圣人无常心，以百姓心为心。

在千年的文化传统中，圣人的性格被定位在"生百姓"的外王事业上，圣人体现天道，而人道要走天道的路，以天道"生万物"的生成原理，来实现"生百姓"的政治理想。

问题在于，儒家所体会的生成原理，就在于人性中的"仁"，而道家的体会，却不在于"仁"心的实有做主，而在于"不仁"的虚用观照。太上老君以"不仁"的放开，来回应至圣先师"仁"的担负。仁心自做主宰，也为天下人做主，前者是修养的功夫，后者则是外王的事业。

"不仁"不是在"实有层"否定仁心的善，而是在"作用层"化解"仁"心的执着与陷溺，道家的智慧在此凸显，超离"爱"的执着，避开"爱"的陷溺，以化解的作用来保存"爱"的真实美好。

"圣人无常心，以百姓心为心"，意谓圣人没有自己的执着与坚持，"心"空出来留给百姓，百姓的心就是圣人的心了。百姓是百姓的整体，而不是一半的百姓，倘若在位者有心知的执着，以自身作为天下人的价值标准，天下就此裂解为两半，一半是合乎标准的"善者"，一半是不合乎标准的"不善者"。此"善"与"不善"的二分，既是心知的执着，相对而言，那就是主观的偏见了。

善者吾善之，不善者吾亦善之，德善；信者吾信之，不信者吾亦信之，德信。

实则，所谓的"不善"，本质上仅是不同的善，故"不善者吾亦善之"的判定，不是善恶不分、是非不明的乡愿，而是超离善的执着与分别，让天下人回归他自身的善。"德善"就是本德的善，天生本真的本有之善。太上老君的生命大智慧，就在于给出人人皆善的价值空间，而不是把天下一分为二：一半是"善者"，另一半是"不善者"。

同样的道理，"信者"与"不信者"的二分，正依据"善者"与"不善者"的区隔而有，认同我、跟我一样的人，我相信他的生命是真实的；不认同我、跟我不一样的人，我就怀疑他的生命是真实的。圣人治天下，对出身于不同乡土、礼俗与文化传统的人，甚至是不同党团教派的人，都要给出包容与尊重。故"不信者吾亦信之"，人家只是跟我们不同的"信"，而不是"不信"，这一人人皆"信"的判定，就是所谓的"德信"，本德的"信"，天生本真的本有之"信"。

圣人在天下，歙歙；为天下浑其心。百姓皆注其耳目，圣人皆孩之。

圣人"生百姓"之道，就在于"为天下浑其心"，即为天下人浑化自己的心。"歙歙"是因忧心天下之二分对抗而内敛涵藏；"注其耳目"，是各用聪明；"孩"，是小儿笑貌，待百姓如同天真的婴儿般，解消了自己的执着与坚持，百姓的心就是圣人的心了。人人皆善，人人皆信，人人皆生成，人人皆得救，这才是体现天道的圣人。当天下百姓皆专注耳目，各凭聪明以裂解天下的时刻，圣人却无心无为，引领天下百姓，回归有如婴儿笑貌的天真自然。

第50章　不遇无所的超脱生死

不冲向一级战区，不为死亡留下余地。

出生入死。

生之徒，十有三；死之徒，十有三；人之生，动之死地，亦十有三。

夫何故？以其生生之厚。

盖闻善摄生者：陆行不遇兕虎，入军不被甲兵；兕无所投其角，虎无所措其爪，兵无所容其刃。夫何故？以其无死地。

出生入死。

此章开宗明义，直谓"出生入死"，点出人生行程就在从出生到老死之间。我们的文化传统，不论儒道，对生之前我从哪里来、死之后我往何处去的终极关怀，都一直守住理性的底限,从未给出任何解答。儒道两家的人生智慧,仅在于求得人生行程的生命安顿。

生之徒,十有三;死之徒,十有三;人之生,动之死地,亦十有三。
夫何故?以其生生之厚。

此段对生命存在的生死现象,做了一番描述与解析。"生之徒,十有三;死之徒,十有三",此言生死是自然的现象,有生即有死,如同花开花落、春去春来。《庄子·养生主》说"死"是"帝之悬解",此"帝"不指涉人格主宰之天,依道家的自然义,"帝"当"蒂"解较贴切,瓜果倒悬在棚架上,瓜熟而蒂落,又回归于大地根土,不就解开了倒悬的困苦吗?不过,倒悬不是就生命的存在说,而是就心知的执着说,不仅活不出人生的自在美好,反而掉落在"死"的恐惧阴影中。故不执着、无分别,满天阴霾消散,生死归于自然,此之谓悬解。

在"生之徒""死之徒"的现象自然之外,老子省思的重心,实落在"人之生,动之死地,亦十有三"的这一区块。人为了求生,心一起执着,反而掉落死地,此"动"可不是自然生动,而是人为造作的适得其反,痛失了老天爷给出的天年。

"夫何故?以其生生之厚",原因何在?只因为求生太厚,而养生太过。此"生生",不是儒家"生生不息"的生命律动,上一"生"字,当动词用,可与"物壮则老,是谓不道,不道早已"(三十章)对看求解。"生生之厚"近乎"物壮则老",而"动之死地"也就是"不道早已","早已"如同"中道夭",人生路走到一半,就提早终结自己的一生行程。

此三者皆"十有三",说是十分之三,即出现另有十分之一当归属何处的问题。苏辙《老子解》云:"岂非生死之道九,而不生不死之道,一而已矣。……老子言其九,不言其一,使人自得之,以寄无思,无为之妙也。……圣人常在不生不死中,生地且无,焉有死地哉。……"此言不生不死,唯圣人能之,那不可知的"十分之一",即藏身于此。

不过,此说大有问题,圣人之不生不死,乃功夫修养所开显之境界,并非"天纵之将圣";而功夫修养人人皆能,该当百分百,怎会有十分之一的设限呢?故所谓"十有三",实各有"三分之一"的意思。

盖闻善摄生者:陆行不遇兕虎,入军不被甲兵;兕无所投其角,虎无所措其爪,兵无所容其刃。

夫何故?以其无死地。

接着转言"盖闻善摄生者",以开出功夫论的两条进路。

"盖"是发语词,"摄生"是养生,而"善"不是技艺性的善巧,而是自然无心的修养功夫。"养生"之道何在,一在"不遇",二在"无所",前者是人间发生的偶然,后者则是主体修养的必然。

"陆行不遇兕虎,入军不被甲兵",在陆地行走,不要碰上凶猛的独角兽与老虎,以避开猛兽的攻击;在两军交战之地,不要被甲兵的利刃砍到,以免生命受到伤害。总说人生路上不要闯入名利圈与权力场的一级战区,那是没有退让空间的生死恶斗。

"遇"是偶然碰上,故"不遇"仅是幸运,没有必然的保证。倘若不幸碰上了,死亡即迫在眼前,故在"不遇"之外,另开"无所"。"兕无所投其角,虎无所措其爪,兵无所容其刃",独角兽的锐角冲刺过来了,老虎的利爪挥劈过来了,敌人的兵器砍杀过来了,却赫然发现攻击的对象已失去了形影。"无所"就是找不到可以冲刺、挥劈与砍杀的地方。

"夫何故?以其无死地",此其原因何在?就在于不要为死亡留下余地。这不是隐身的法术,而是心灵上不预留让别人可以打败我的空间。"无所"从"有所"来,"有所"在于心知的执着,有了优越感与英雄气,有了名利心与权力欲,这些成了我的弱点与致命伤,人家就可以轻易地把我打败。心知不执着于"生","死"即失去依附之所,"死地"从"生地"来,从

"生生之厚"来，不垄断"生"的资源，不求扩大自家的地盘，不抢尽天下的光彩，也就是不为死亡留下余地了。

以是之故，走在"出生入死"的人生道上，"善摄生者"的"善"，唯在无心、自然而已！无心无知，无为无欲，一者可以"不遇"，二者可以"无所"，既不会碰上凶险，更立于不败之地，笼罩心头的死亡阴影也就永远消散了。

第51章　不有不宰的天道玄德

> 爱在于付出，而不在于宰制。

道生之，德畜之，物形之，势成之。是以万物莫不尊道而贵德。

道之尊，德之贵，夫莫之命而常自然。

故道生之，德畜之，长之育之，亭之毒之，养之覆之。

生而不有，为而不恃，长而不宰，是谓玄德。

道生之，德畜之，物形之，势成之。是以万物莫不尊道而贵德。

"之"指涉万物，道生万物，德养万物，物形万物，势成万物。唯道生德畜，说的是超越在物形之上的存在之理；而物形势成，说的是囿限物形之中的形构之理。

天道生万物，是以内在于万物的"德"来存养万物。天道就以天生本真，合理地解释万物的存在，天真让万物因合理而得以存在，此即存在之理，或谓实现之理。所谓"德"，即"其中有象""其中有精"（二十一章）的精象，而精象是"无状之状，无物之象"（十四章）的惚恍，唯在恍兮惚兮中，"其中有物""其中有信"，此"物形之"，因已成形，其存在可以征验（信），真实性也可以确认，故谓"其精甚真"。而"物"之构成元质是"气"，气分阴阳，阴阳交感和合所显发的生命力，即"势成之"。"万物负阴而抱阳，冲气以为和"（四十二章），万物皆以阴阳二气为其形质，阴阳二气要归于"虚"而后能和，此在和谐中成长的生命能量，就是所谓的"势"。

此四者之贯串，王元泽注云："故德者道之分，物者德之器，势者物之理。"德是万物得自于道的存在之理，此天生本真之"德"，所寄寓的形器则是"物"；"势"就是"物"的形构之理，此说解可谓贴切。另吕吉甫注云："然则势出于形，形出于德，德出于道。道德本也，形势末也，本尊而末卑，本贵而末贱，是以万物莫不尊道而贵德。"此中"形出于德"一语，混乱了"存在之理"与"形构之理"的上下区隔。实则，形出于气，气之清浊、轻重的比例分量，决定了生命力的强弱高下，若谓"形出于德"，就难以获致

"尊道而贵德"的论定，而当是道德物势，一体皆贵而无别了。

道之尊，德之贵，夫莫之命而常自然。

而"道之尊，德之贵"的尊贵在哪里？此非人间街头的尊显高贵，而是人性本身的尊贵。依孟子"天爵""人爵"的说法，道尊德贵当是天生本真的高贵，是天生而有的爵位，是人人皆有、他人抢不走的；"人爵"是人间的爵位，在位掌权的人可以给你，也可以收回，贵贱的主权在人不在我，故"人爵"靠不住。道尊德贵之所以尊贵，就在于"莫之命而常自然"，没有人可以命令他，他自身恒常如此。"人爵"由外在决定，是为"他然"，"天爵"的"然"从自己来，是为"自然"。故人生高贵的质量，就在于生命本身的自然。

故道生之，德畜之，长之育之，亭之毒之，养之覆之。

接着对天道生万物做一总结，此一系列的"之"，皆指涉万物，道生德养，即生长、养育万物，而"亭"当"凝结"解，"毒"当"安"或"厚"解，此"亭之毒之"，他本作"成之熟之"，正是凝结万物、安厚万物之意。"养之覆之"，则谓无不养成，也无不遮覆。

生而不有，为而不恃，长而不宰，是谓玄德。

此句已见于第十章，唯一处指谓天道玄德，一处指谓圣人玄德。不论天道生万物，还是圣人生百姓，其生成原理在"有生于无"（四十章），"生""为""长"是道的"有"，"不有""不恃""不宰"是道的"无"。人间的道德皆生而有、为而恃、长而宰，生养万物、百姓而归己所有，为万物、百姓做了一切而恃为己恩，长成万物、百姓而宰制由我，此无异于自我否定。因为归我所有，等于未"生"，恃为己恩，等于未"为"，宰制由我，等于未"长"。天上的道德则迥然不同，是"生而不有，为而不恃，长而不宰"，各加了一个"不"，不落在世间做好人有好报的俗套中，我生养了你而你不归我所有，我为你做了一切而你未亏欠我，我带你长大而你不必听从我。这样，"不有"才真正完成了"生"，"不恃"才真正做成了"为"，"不宰"才算真正的"长"成。

天道生成万物，此生成作用是道体的"有"，而其根本原理却在于道体的"无"，道体在生成万物的同时，又放开万物，给出万物自生自长的空间，故谓"莫之命而常自然"；圣人生成百姓的同时，又放开百姓，给出百姓自在自得的空间，故谓"百姓皆谓我自然"（十七章），总说则是"道法自然"（二十五章）。

第52章　知子守母的复归不离

> 与母体连线,永保康健。

天下有始,以为天下母。

既得其母,以知其子;既知其子,复守其母,没身不殆。

塞其兑,闭其门,终身不勤;开其兑,济其事,终身不救。

见小曰明,守柔曰强;用其光,复归其明。无遗身殃,是谓习常。

天下有始,以为天下母。

本章开端,是解读"无,名天地之始;有,名万物之母"(一章)的锁钥,"天下有始"是本体论,"以为天下母"是宇宙论,二者统贯,则是本体宇宙论。原来,"始"跟"母"皆指涉道体。老子以道体的"无",作为天地万物的根源之始;以道体的"有",作为天地万物的生成之母。"无"跟"有"是道体的两面向。"无"是无限,"有"是常在,因为道体本身无限,所以可以作为天地万物的根源之"始",因为道体本身常在,所以可以作为天地万物的生成之"母"。道体为天下人开发出价值的源头活水,并用以陪伴天下人活出一生的美好行程。

既得其母,以知其子;既知其子,复守其母,没身不殆。

"得其母"是存有论的"得",而"守其母"则是功夫论的"守"。万物得之道体的是天生本身的"德",从超越说"道",从内在说"德","道生之,德畜之"(五十一章),前者是"既得其母",后者是"以知其子"。"道"生成万物,要合理地解释万物的存在,"德"畜养万物,就是道给出万物之所以存在的理由,人人皆天真,人人皆可以活出一生的真实美好。

问题在,人除了天生本真之外,尚有形气物欲的存在,在"化而欲作"(三十七章)与"始制有名"(三十二章)的牵引造作之下,人生行程每一步的前进,也就是每一步的堕落,天生本真都在名利权势的争逐奔竞中逐步失落。童年的天真、青少年时期的浪漫与青年时期的理想已一去不复返,人到中年,面目可憎而言语无味,看似光鲜,实则衰颓,造作虚妄,而纯真不再,故亟待功夫修养。"既知其子,复守其母",就是回归道体,母子连线,找回失落的天真。在"贵食母"(二十章)中"复归于婴儿"(二十八章),婴儿是天生本真的精纯表征,这一"知子守母"的"德"之回归,就可以支持人过一生,而不会变坏,故曰"没身不殆"。此有如"独立而不改,周行而不殆"(二十五章),道体何以"不殆",理由就在于"不改",不改其天真,怎会庸俗不堪,而难以回首话当年呢!

塞其兑,闭其门,终身不勤;开其兑,济其事,终身不救。

《易经·说卦传》:"兑为口。"人的形气物欲,本属中性;问题在于,五官接物之门一开启,外在形形色色的物象随即闯入,而人的心知又起到执着的作用。由执着而造作,走上街头打天下,此之谓"开其兑,济其事"。《庄子·齐物论》有云:"其觉也形开,与接为构,日以心斗。""形开"是打开五官之门,感官与万物相接,而构成心象,人忘不了,又好比较,自己的内心就此成了今昔人我比高下的战场,心头乱纷纷,生命惊恐不定,所以说"终身不救"。扭转之道就是"塞其兑,闭其门",避开花花世界,心不起执着,而保有素朴纯真,此非生命的自我封闭,而是尽管人间声色在眼前飘过,也在耳边流逝,却不会在心头停留，不会成为挂碍负累，不执着也就不造作，所以说"终身不勤"。勤劳一定带来负累，不劳也就不累；不累，人生才可能长久。

见小曰明，守柔曰强；用其光，复归其明。无遗身殃，是谓习常。

从"开其兑"的发端，即预知"终身不救"的终局。此之谓"见小曰明"，见微知著，洞烛机先，这就是虚静明照的智慧，也就是所谓的"微明"（三十六章）。从"塞其兑"的内敛涵藏，而获致"终身不勤"的释放自在，此因放下而不累，因不累而长久，此之谓"守柔曰强"，也就是所谓的"柔弱胜刚强"（三十六章）。人生修养，在细微处看到人生困苦的兆端，是智慧的"明"；在柔弱处寻求价值的永不毁坏，是生命的"强"。

智慧发光，可以照亮人间，也照现万物，然而"光"有负作用，光芒四射，光亮耀眼，会刺伤别人的眼睛，会让身边的人黯然失色、黯淡无光，所以要自我解消，涵藏自己的光采，不要因神采飞扬而压迫别人，所以说"复归其明"。像镜子一般，只照现而不刺眼，这样的映照，不会引来天下人的反感，不会成为天下人"取而代之"的标靶，此之谓"无遗身殃"。

人生的优点也就是缺点,优越的光彩是会得罪天下人的,终将成为自身的灾难。回归纯真而与世无争,那么天下人谁会来跟我争呢!"习常"就是"袭明"(二十七章),"袭"当"因"解,"因"是顺任之意,顺任智慧光照,"知常曰明"(十六章),照现的不就是天地间的常道吗?

第53章　行走大道的唯施是畏

同是天涯沦落人，田园将芜胡不归。

使我介然有知，行于大道，唯施是畏。
大道甚夷，而民好径。
朝甚除，田甚芜，仓甚虚；服文彩，带利剑，厌饮食。
财货有余，是谓盗夸。非道也哉！

这一章义理内涵相当浅显，唯某些词语在校勘与训诂上，各家见解歧异。

使我介然有知，行于大道，唯施是畏。

"使我介然有知"，"使我"是假设的语气，"我"设为在位者的自称，"介然"是"微"也，劳健《老子古本考》另释为"坚确貌"，"有知"是因为有了"自知者明"的明照，而不是"知人者智"的智巧。意谓假使让我有那么一点儿省思觉悟的话，或假使让我有真确而坚定的觉悟。

"行于大道，唯施是畏"则是全章的重心所在，从政者治国平天下，要把天下人引向何处去？正面地说是引向大道，大道是人人都可以走的路，是"道法自然"与"百姓皆谓我自然"的路；反面地说，则是"唯施是畏"，"自然"的相对是"他然"，也就是人为的干扰。王弼本云："唯施为之是畏也。"此说最是直接，"施"当"施为"解。本来语句结构当作"唯畏施"，为了强调"施"的关键地位，故提到动词"畏"的上头，中间加了语气词"是"。"畏"接近《论语》的"君子有三戒"与《庄子》的"天下有大戒二"的"戒"，意谓唯以施为戒，唯恐自身在尝到权力的滋味之后，会起人为造作，而干扰、妨害了天下百姓的家常日常。"施"，王念孙《读书杂志》解成"斜"，再转为"邪"，故云："唯惧其入于邪道也。""施"当作"斜行"解，《孟子·离娄下》："施从良人之所之。"亦有同样的用法。此说是依据《韩非子·解老》"所谓貌施也者，邪道也"而做出的转折，《解老》引作"貌施"，刘师培跟进，云："貌，夸饰之意，与施同为邪道。"是则邪道与"大道"相对。行大道而畏邪道，语意明确，而少了"唯"的强化语气，字里行间似乎失落了抑扬顿挫的美感。

大道甚夷，而民好径。

"夷"，《说文》："行平易也。"大道自然平坦易行，不必依恃过人的才气与深厚的学养；"民"依字面解，指涉的是天下人民，世俗民间好抄小径，舍大道而弗由，此说看似顺理成章，实则与道家理路不合。因为老子认为天下百姓的生活困顿，皆来自政治的误导，在位者尚贤、贵货、见可欲，把天下引向争名夺利的狂潮，所以要从政者"行不言之教，处无为之事"（二章）与"为无为，则无不治"（三章），问题的症结端在掌握权势者的有心有为，对治的药方就在于政治领导人的无心无为。此奚侗云："民当作人，指人主而言。""径"，是路狭而捷，人主急功近利，不走大道而抄小路，看似精明，却给天下带来了不必要的困扰与疲累。故云："慧智出，有大伪。"（十八章）慧智出是有心有为的人为造作，不如"绝巧弃利，盗贼无有"（十九章），无心无为地回归自然，大伪消散，天下也就太平无事了。

朝甚除，田甚芜，仓甚虚；服文彩，带利剑，厌饮食。财货有余，是谓盗夸，非道也哉！

解读此句，若"朝甚除"与"田甚芜，仓甚虚"做一对比，则"除"当"治"解，王弼注云："洁好也。"即朝廷富丽堂皇，而听任民间田地荒芜，仓库空虚，凸显在位者的失政败德；若"朝甚除，田甚芜，仓甚虚"与"服文彩，带利剑，厌饮食"做一对比，则"除"读为"涂"，做"污"解（高亨《老子正诂》），即朝廷污染，以致田地荒芜、仓库空虚，而当政者自身却衣饰华丽、利器在身（权势在握），且饮食讲究，此凸显在位者极尽奢侈腐化之能事，总说是"财货有余"。暴殄天物，余食赘行，天下人尚且厌恶它，所以有道的人不会奢华自处。故下文以"是谓盗夸，非道也哉"，做出有价值的论断。"夸"，《说文》："奢也。"在位者奢侈，劫掠民间财富，形同盗窃。王弼本："夸而不以其道得之，窃位也。"人主非道无德，而窃居高位，故给出"盗夸"的评价。唯《韩非子·解老》中"盗夸"作"盗竽"，"竽"为乐器之首，竽唱则众乐皆和，故"盗竽"犹言"盗魁"，骄奢之甚，正是窃取权位者的写照。

二十九章云："将欲取天下而为之，吾见其不得已！天下神器，不可为也，不可执也，为者败之，执者失之。……是以圣人去甚，去奢，去泰。"可与此章在相互印证中，掘发"行于大道，唯施是畏"的政治智慧。

第54章　建德抱道的不拔不脱

让天下回归天下的自己，让乡土回归乡土的自己。

善建者不拔，善抱者不脱，子孙以祭祀不辍。

修之于身，其德乃真；修之于家，其德乃余；修之于乡，其德乃长；

修之于国，其德乃丰；修之于天下，其德乃普。

故以身观身，以家观家，以乡观乡，以国观国，以天下观天下。

吾何以知天下然哉？以此。

善建者不拔，善抱者不脱，子孙以祭祀不辍。

"建者"乃建于德，"抱者"乃抱于道，依"道生之，德畜之"（五十一章）来看，生命存在的内在根基，在于天生本真的"德",而生命存在的形上源头,在于天生万物的"道"。"既得其母,以知其子",故建于德;"既知其子,复守其母"(五十二章),故抱于道。建于德是让自己的存在合理,抱于道是给出万物存在的理由,德从道来,"建于德"从"抱于道"来,故知子要守母,因为回归母体之道的价值源头,子德的生命活水在源源流注之下而不会枯竭。在道生德养的生成作用中,子孙得以世代绵延而祭祀不辍。

　　此"祭祀不辍"源自"德"的永不拔除,而"德"的永不拔除,源自"道"的永不脱落;而"不拔""不脱"来自"善建""善抱"的"善"。道家义理,"善"是就无心自然说,"善建"是无心的建,"善抱"是无心的抱,"善"不是知识性、技术性的精到善巧,而是心知的解消与生命的灵动。二十七章云"善闭无关楗而不可开,善结无绳约而不可解","闭"在于保护自我,"结"在于结交天下,保护生命要"善闭",结交朋友要"善结","善闭"如同"建于德","善结"犹如"抱于道",闭用门锁,结用绳约,而门锁、绳约有形,即可能被解开、被切断,故"善闭""善结"的"善",就是"无关楗""无绳约"的"无",无形的门锁、无形的绳约就永不会被解开、被切断,就像建于内在之德的永不可拔除、抱于超越之道的永不会脱落一样。

修之于身，其德乃真；修之于家，其德乃余；修之于乡，其德乃长；

修之于国，其德乃丰；修之于天下，其德乃普。

"修之于国"，他本作"邦"，避刘邦讳而改。"善"既是修养的功夫，而"建德"源自"抱道"，故功夫的修养就在于在"抱道"中"建德"，要将道体的"无"，修之于身、家、乡、国、天下，此如同《大学》修身、齐家、治国、平天下的序列，只是儒家的"修"是人文化成，道家的"修"是回归自然，且老子在修身、齐家与治国、平天下之间，多了"修之于乡"，深藏其间的意义是，儒家人文关怀的谱系中，被遗忘而失落的田园乡土，在《道德经》中被保存了下来，"礼失求诸野"，此为最佳写照，乡土素朴纯真，正是道家生命关怀的重心所在。

抱道在怀抱道体的"无"，在"贵食母"（二十章）中，由修养而保有，由抱道而建德，让自身纯真，家室宽容，乡土成长，邦国丰厚，天下平治。纯真实现生命自我，宽容给出生儿育女的余地，成长在农耕农作的收成，丰厚在国计民生的护持，平治在天下美好的普及遍布。"德"是存在的真实合理，身家、乡国与天下的存在，皆在"抱道"中"建德"，也在合理中自然生成，且天长地久。

故以身观身，以家观家，以乡观乡，以国观国，以天下观天下。

"观"是观照，观照是虚静心的作用，"致虚极，守静笃，万物并作，吾以观复"（十六章），道家的修养功夫在心上做，致虚无心，守静无为，心虚静如镜，观照人间万象，让天下人在"并作"的纷扰中，回归生命的本身。"并作"是街头乱象，"复"是找回真实，致虚守静体现了道体的"无"，解消心知的执着与人为的造作，以身观照身的自己，以家观照家的自己，以乡观照乡的自己，以国观照国的自己，以天下观照天下的自己。没有假借，没有操控，没有宰制的并作扭曲，身、家、乡、国、天下，皆在生命主体的"观"照中，照现"复"归，身回归身的自己，家回归家的自己，乡回归乡的自己，国回归国的自己，天下回归天下的自己。身、家、乡、国、天下，因"修"而有"德"，因"观"而照现了自己，身、家、乡、国、天下的本身，就是目的，而不是名利心的筹码与权力欲的工具。回归真实的自己，也就是"道法自然"了。

吾何以知天下然哉？以此。

最后，"吾何以知天下然哉？以此"。问何以知天下的真相，就是在虚静心的观照作用中照现的。

第55章　赤子天真的精至和至

赤子纯真，生命完足；人为增益，不道早亡。

含德之厚，比于赤子。蜂虿虺蛇不螫，猛兽不据，攫鸟不搏。

骨弱筋柔而握固，未知牝牡之合而全作，精之至也。

终日号而不嗄，和之至也。

知和曰常，知常曰明；益生曰祥，心使气曰强。

物壮则老，谓之不道，不道早已。

含德之厚，比于赤子。蜂虿虺蛇不螫，猛兽不据，攫鸟不搏。

"含德之厚，比于赤子"，当指修养功夫而言，若就存有论说，人人天真，人人德厚，不必以"比于赤子"来描述。在人生成长路上，与人奔竞争逐，天真逐步流失，故通过修养功夫，致虚守静，把失落的天真修补回来，"复归于婴儿"（二十八章），也就是德厚如赤子了。

"蜂虿虺蛇不螫，猛兽不据，攫鸟不搏"，此赤子婴儿的德厚天真，与道同在同行，融入天地万物的自然理序间，无心无为，不自外于万物，不会引发紧张，更不会构成威胁，故蜂虿虺蛇不会以毒刺毒牙来螫咬，猛兽不会以利爪来抓裂，飞禽不会以翅膀来拍击。此不是百虫不侵、禽兽无伤的特异功夫，而是自身不想扩展地盘，不去压缩别人的空间，没有伤害万物的意图，自不会引来毒蛇猛兽自我防卫的致命一击。此有如"兕无所投其角，虎无所措其爪，兵无所容其刃"（五十章），人因德厚不争而"无所"，我不要名不要利，退出名利圈与权力场，不留给天下人可以打败我的空间，此之谓"无所"。我不打天下，不与天下人为敌，就可以远离人间权谋算计的纷扰与伤害，人我之间"相忘于江湖"，那不就等同于"不螫""不据""不搏"了吗？不就是"无所""无死地"了吗？

骨弱筋柔而握固，未知牝牡之合而全作，精之至也。

此说赤子德厚，筋骨柔弱而其握甚固，拳握因柔软而密合无间，且童年天真，不知男女的分别，所以也未有因欠缺另一半而追求合为一体的青春萌动。"全作"依字面解，因"常德不离""常德乃足"（二十八章），不会有少男少女怀春多情的烦恼，故生命力得以全幅地展现。唯河上公本"全"作"朘"，傅奕本作"䘒"，《说文》："赤子阴也。"而河上公本注云："赤子未知男女之合会，而阴作怒者，由精气多之所致也。"故"全作"意谓男童精气的自然蓬勃。俞樾疑"全"本作"佥"，系阴之古字，脱误而为"全"。河上公本近民间系统，重养生义，王弼本近文人系统，重玄理思辨，今二说并存。唯"精之至"，当依"窈兮冥兮，其中有精；其精甚真，其中有信"（二十一章）以求解，道体"窈冥"的"无"，在生成作用中，显发为"精象"的"有"，而精象无形，其真就在于信物有形而可征验。此"精之至"，即"常德乃足"，也就是"比于赤子"的"含德之厚"。

终日号而不嗄，和之至也。

婴儿号哭终日，属自然节奏的生命律动，以其无心，不伤情，故声不哑。《庄子·庚桑楚》司马彪注："楚人谓嗥极无声曰嗄。"故不嗄即声不哑。"和之至"，从"万物负阴而抱阳，冲气以为和"（四十二章）来看，万物形气以冲虚而和合，"和"为阴阳感应而一体和谐，情不伤气亦不伤，此由"精之至"而"和之至"，生命精纯本足，无求于外，不会执着造作，不会与物对抗而决裂，而有一体和谐的自在美好。

知和曰常，知常曰明；益生曰祥，心使气曰强。

前半句是正面的论述，后半句则是负面的省思。十六章云："归根曰静，是谓复命，复命曰常，知常曰明。"此从归根说复命，归根是回归"道"的本源，复命是复归"德"的天真生命，依止于道根德本的终极之地，"静"就是均衡和谐的状态，在无为中的无不为，故云："道常无为而无不为。"（三十七章）老子由"明"知常，而常在其"和"。吾心致虚守静，而虚静如镜，可以照破妖恶，而照现真常。若心知执着以鼓动形气，是为"心使气"；人为造作以求增益资借，是为"益生"，此增益强行干扰助长，必适得其反，王弼本云："生不可益，益之则夭。"此一如五十章所云："人之生，动之死地，亦十有三。夫何故？以其生生之厚。""生生之厚"是"益生"，"动之死地"也就是"益之则夭"，故"祥"即不祥。高亨《老子正诂》云："祥，当读为痒，同声系，古通用，《尔雅·释诂》：'痒，病也。'"是则益生，已成生命的病痛。

物壮则老，谓之不道，不道早已。

最后这句已见于第三十章。依上下语文脉络来看，"物壮"来自"益生",而"益生"在"心使气",心知执着而形气耗损,背离天道自然,而加速走向衰老之境,所以说"不道早已"。"已"是生命的终结,人由"益生"而"心使气",由"物壮"而"早已",人生戏码老是重演,堪称悲剧宿命!

第56章 挫锐解纷的玄同高贵

　　知"道"的人不多说,多说的人不知"道"。

知者不言,言者不知。

塞其兑,闭其门,挫其锐,解其纷,和其光,同其尘,是谓玄同。

故不可得而亲,不可得而疏;不可得而利,不可得而害;不可得而贵,不可得而贱。故为天下贵。

知者不言,言者不知。

"知者"指涉的是"自知者明"与"知常曰明"的明智之士,一如"古之善为士者,微妙玄通,深不可识"(十五章),"善为士"是体道之士,体现道体的微妙玄通,既深不可识,故不可说。言语说不尽,尽在不言中,所以说"知者不言"。而"言者"指涉的是"知人者智"的智多星之流,闻见杂博而心机算计,根本看不到人间的真情与天下的真相,所以说"言者不知"。"知者"走的是"为道日损"的生命进路,"言者"走的是"为学日益"的知识进路。"物或损之而益",减损心知却增益了道行,"或益之而损",增益心知却减损了道行。前者生命体现了道,言语已成多余,故云"知者不言";后者落在言语层次大说其道,没有实践,也没有体悟,故云"言者不知"。

此白居易有诗云:"言者不知知者默,此语吾闻于老君。若道老君是知者,缘何自著五千文?"此诗幽了太上老君一"默"。老君向众生说道,号称太上,而白居易的诗篇,妇孺可读,号称民间诗人,以民间回应太上,戏谑中藏有问难,老君不失"知者不言"的本色,白居易却落于"言者不知"而不自知,反摆了自己一"道",诚千古趣事也。

实则,《道德经》五千言,说的正是"知者不言"的"道之理",在不可说中说,说了也等于没说,以遮为诠,而意在言外。后代学人不可在语言概念的层次来解读老君的五千言。《庄子·齐物论》有云:"道隐于小成,言隐于荣华。"言语荣华遮蔽了真情,而真言隐退,道行小成障隔了道理,而大道隐退,反而错失了大道真言的实存。《庄子·知北游》有云:"终身言,未尝言;终身不言,未尝不言。"原来,"不言"也是"言"

的另一形式，不言之言，是为真言，少了荣华小成的遮蔽障隔，大道就在不言中透显朗现。

白居易以"夫子自道"的"知者不言"来质疑说了五千言的老君，此"以子之矛，攻子之盾"，意图逼老君落于"言者不知"之自我否定的窘境。吾人试引当代西方的"层次论"来为老君解套。"言者不知"，省思批判的对象是诸多以言语说道的学人家派，而说这句话的《道德经》本身，则不包含其中。道之言说传统的总体，可视为第一序，而涉及这一总体的五千言，可视为第二序，二者分属不同序位，故以"言者不知"，开了老君这么一个天大玩笑，已犯了自我指涉的谬误。如市政府公告栏张贴了"禁止在此张贴"的布告，警示禁止的对象是已来此张贴或即将来此张贴的每一个人，而这一张贴的本身则不包括在内，否则，岂非演出了一场自我否定的闹剧？故民间不能拉开"何以容许州官放火，而不许百姓点灯"的抗议布条，因为这一张贴的本身受到保护。吾人以知识理论来回应诗人的浪漫，也算是"言者不知"的另一写照吧！

塞其兑，闭其门，挫其锐，解其纷，和其光，同其尘，是谓玄同。

前两句已见于五十二章，而后四句已见于第四章。"塞其兑，闭其门"，是关闭五官之门，以免声光色相之街头景观，通过官觉闯入每一个人的心中。而心又有执着的作用，什么都想要而致使心头思绪乱纷纷，成了生命最大的困苦，故要在心上做"致虚守静"的功夫。下文"挫其锐，解其纷，和其光，同其尘"，即这一自我消解的功夫历程，"是谓玄同"，则是这一修养功夫所开显的境界。因为体道之士，以自身为道场，将道的有无玄妙体现在自家的身上，生命玄同于道，而与天地万物一体并行。非如高亨《老子正诂》所云："此论圣人临民之术，诸其字，皆指民言。"依此说圣人无须修养功夫，以其权势自然凌驾于天下百姓之上。四句功夫语，仅成政治权术的操作，旨在使民无知无识而便于治理，无怪乎钱穆先生要以愚民政策来论定老子了。

　　看上下语文脉络，"其"字指涉的当是圣人自身。圣人挫损了自己的锋锐，解开了自己的纷扰，消融了自己的光芒，而浑同自己于尘土。因为纷扰从锋锐来，而锋锐一定会发出光芒，故挫损自己的锋锐，一者解开了纷扰，二者消融了光芒，纷扰让自己受不了，光芒让天下人受不了。圣人治天下，要"无"掉自己的才学气魄，也"无"掉自己的圣智仁义，人的光采亮丽、人的神圣高贵，在在都凸显了自身的优越，而把天下人给比了下去。此"心使气曰强"（五十五章）的锋锐会压迫自己，更会伤害别人，故圣人以道治天下，首先当做"为道日损"之自我解消的功夫。纷扰就在于天下人总想为自己平反，因为在位者抢尽了天下的光采，独享生命的荣耀，自己锋芒毕露，而天下人却黯淡无光，也黯然神伤，试问为政如此又如何能融入民间乡土，而与俗世尘土同在、同行！故"挫其锐"的"无"，会生发"解其纷"与"和其光"之"有"的妙用。而此自己受得了、天下人也愿意的"有"，给出了"同其尘"的存在空间。"天下万物生于有，有生于无"（四十章）的生成原理，在圣人的修道体现中，得到了存在的呼应与生命的证成。

问如何解消"心使气曰强"的病痛，答案就是"挫其锐"的心知化解，而"知和曰常"的形上智慧，就显现在"同其尘"的人生实践中。此由"不道"而"玄同"，正看出上下两章的义理连贯。

故不可得而亲，不可得而疏；不可得而利，不可得而害；不可得而贵，不可得而贱。故为天下贵。

修养功夫既开显了"玄同"于道的精神境界，也显发了"玄同"于万物的人生智慧，故没有亲疏、利害与贵贱的执着分别，超越在人间街头的价值二分之上。"不可得"就是不可能有这样的空间，不会落在世俗所亲、所利与所贵的评量间，也不会受困于世俗所疏、所害与所贱的批判中，这一体现天道的生命人格本身，就是普天之下最为高贵的品格了。

第57章　正道奇变的忌讳纷扰

别把朋友逼上梁山。

以正治国，以奇用兵，以无事取天下。

吾何以知其然哉？以此：天下多忌讳，而民弥贫；民多利器，国家滋昏；

人多伎巧，奇物滋起；法令滋彰，盗贼多有。

故圣人云：我无为而民自化，我好静而民自正，我无事而民自富，我无欲而民自朴。

以正治国，以奇用兵，以无事取天下。

此句看似三者分立，各得其宜，治国要以正道，用兵要以奇变，而取天下要以无事。问题是，治国与取天下之间，何以要有"正道"与"无事"之分？若"以正治国"合理的话，照理说也当

"以正取天下"；反之，若"以无事取天下"是对的话，那也当"以无事治国"才对。因为国与天下只有大小之分，而未有本质之别。

看上下语文脉络，此中大有转折，关键在于"以奇用兵"。王弼本云："以道治国则国平，以正治国则奇正起也，以无事则能取天下也。"是则，以正治国与以道治国，已做出区隔，以道治国也就是以无事治国，一国之政局可归于平治；以正治国则引生奇正之对应，故云："以正治国则不足以取天下，而以奇用兵也。"有正则有奇，治国而以正道自我标榜，会逼出其他诸侯国"以奇用兵"的奇变回应。何为"奇变"？即以仿冒作假等诈术来符合正道的标准，或以黑函造谣等手段来颠覆正道之形象，你凸显礼乐教化之正道，我则摆出征伐纵横之奇变来为自己平反，以求得两国间的恐怖平衡。故"以正治国"必带出"以奇用兵"的诡谲回应，不如不正亦不奇，而回归天下本无事的自然和谐。无事来自无为，无为本于无心，"无"掉心知的执着、奇变式的人为造作，也就可以消解于无形了。

吾何以知其然哉？以此：天下多忌讳，而民弥贫；民多利器，国家滋昏；

人多伎巧，奇物滋起；法令滋彰，盗贼多有。

"吾何以知其然哉？以此"，此言我凭什么判定"以无事取天下"的观点是可以成立的,就依据下列的论述。故下文即由列国间的奇正对应,转为君民间的奇正反制。"天下多忌讳"与"法令滋彰",是"以正治国"所带出来的专制独断,而"民多利器"与"人多伎(智)巧",正是"以奇用兵"的民间反制。在位者心知执着的忌讳,落实在天下,则是法条规章的一再推出。王弼本云:"民多智慧则巧伪生,巧伪生则邪事起。""伎巧"即智巧,而"奇物"则是邪事。智巧本是奔竞争逐的利器,此种人为造作妨害了天生自然,就是所谓的邪事了。苏辙《老子解》云:"利器,权谋也。"心机算计,正是智巧的人间运作。由是而言,忌讳法令,是"以正治国"的正道标竿;而利器智巧,则是"以奇用兵"的巧伪奇变。此官方的"正"道,逼出民间的"奇"变,奇正对应而两相克制,此其后果则是相互抹杀而彼此抵消,国家固昏乱,而人民也穷困,还不如一体放下,官方少些忌讳法令,民间不用智巧利器,没有正道的执着傲慢,也就没有奇变的诡谲造作,不就可以在"道法自然"(二十五章)之下,"为无为,则无不治"(三章)了吗?

故圣人云:我无为而民自化,我好静而民自正,我无事而民自富,我无欲而民自朴。

最后,以"圣人云"作结。圣人治天下,生百姓,要从

"以正治国，以奇用兵"的执着造作，回归"以无事取天下"的清静无为。"我"是圣人的自称，而"民"则指涉天下人民。圣人无为、无事、无欲，皆由无心无知而来，总说是"好静"，既无忌讳法令，天下人民也不起智巧利器，上下平静无事。"自化"相对于"国家滋昏"而言，"自正"相对于"盗贼多有"而言，"自富"相对于"而民弥贫"而言，"自朴"相对于"奇物滋起"而言。圣人的"无为""无事""好静""无欲"是修养功夫的"无"，百姓的"自化""自正""自富""自朴"则是生成作用的"有"，"天下万物生于有，有生于无"（四十章），此天下百姓的正定、富足、生化、朴实的"有"，生于圣人无心无为的"无"。"道常无为而无不为。"（三十七章）天道无为无事，万物自生自化，圣人无为无事，百姓自正自定。这就是道家形态的"天下有道"。

总结全章，先从"以正治国，以奇用兵"，衬托出"以无事取天下"的论点，再从"以正治国，以奇用兵"流落民间的负面效应，来支持"以无事取天下"的论述；最后，回到圣人"以无事取天下"的功夫与智慧，没有"正"道的忌讳，就可以远离"奇"变的纷扰，而归于天下本无事的一体和谐了。

第58章　祸福倚伏的迷离困惑

祸福之间仅一门之隔。

其政闷闷,其民淳淳;其政察察,其民缺缺。
祸兮福之所倚,福兮祸之所伏。孰知其极?其无正。
正复为奇,善复为妖,人之迷其日固久。
是以圣人方而不割,廉而不刿,直而不肆,光而不耀。

其政闷闷,其民淳淳;其政察察,其民缺缺。

此句正承继上章圣人要如何治天下的思考。"其政闷闷",是"以无事取天下","其民淳淳",则是"而民自化""而民自正""而民自富""而民自朴";而"其政察察",是"以正治国","其民缺缺",则是"奇物滋起"与"盗贼多有"。

所谓"闷闷",是无心无为,王弼注云:"无政可举。"所谓"察察",是有心有为,王弼注云:"主刑名,明赏罚,以检奸伪。"此注已近法家治道,似过甚其辞。"其民淳淳",王弼注云:"无所争竞。"因为官方"无政可举",所以民间"无所争竞",而归于淳厚;"其民缺缺",王弼注云:"民怀争竞。"因为官方依名实验真假而明赏罚,故民间怀争竞之心,民风为之浇薄。圣人化民成俗,"闷闷"无为则民风淳厚,"察察"有为则民风凉薄。前者正是"物或损之而益",后者则是"或益之而损"(四十二章)。

祸兮福之所倚,福兮祸之所伏。孰知其极?其无正。

此言祸福二分,一如美丑善恶与成败得失,皆起于心知的执着,看似客观而界线分明,实则由主观的认定而来。民间世俗一向以功成名就为福,以无功无名为祸,果真如此,那么《庄子·逍遥游》为什么要说"神人无功,圣人无名"呢?"闷闷"无为看似祸,"淳淳"自在则是福;"察察"有为看似福,"缺缺"失真则是祸。如同一扇门的两面般,从门的这一面看是祸,而福已靠在门边;从门的另一面看是福,而祸已藏在门后,故祸福之间,一门之隔而已!举例来说,青少年死背书、考高分就是福吗?有没有想过他们在填鸭之下而失去学问的胃口,这岂不是反成了大祸吗?故天下事是福是祸当真一时难定,老子在此自问自答,问"孰知其极",答"其无正",有谁能给出究竟的解答呢?恐怕找不到确切的分界点吧!因为,祸福不从外在物象而来,由主体心境而定。

实质上,"极"就在于自家的执着,认定什么是福,什么是祸,而把一生封限在街头流行的功利主义与升学主义中,痛失了生命无限可能的自在天空。"其无正",为天下人解套,颠覆了每一个人心中根深柢固的"极",而从祸福二分的束缚中挣脱而出,走自己想走的路,并活出自己想要的内涵,这才是人生的"常道"与"常名"。

正复为奇,善复为妖,人之迷其日固久。

此言正道会转为奇变,而善德也会变成妖恶,这可不是《荀子·天论篇》所说"天行有常"之天地自然的运行轨道,而是心知执着与人为造作所带来的扭曲变质;这不是物理现象的变化规律,而是执着造作的颠倒沉落。"正复为奇",就是"以正治国,以奇用兵"的浓缩简化,正道逼出奇变,台面上正大光明,背地里诡谲奇变,也就是只问目的,而不择手段。实则,目的不能让手段合理,甚至,目的的合理性反被手段颠覆,原本"正"道的"善"德,在心机算计的权术运作下,成了"奇"变的妖"恶"了。以是之故,"正复为奇"是扭曲,而"善复为妖"则是变质,这是人文世界的颠倒与沉落!

依老子的省思,你以仁义正道自我标榜,人家就以假仁假义的奇变来对应;你以圣、智正道自我期许,人家就以假圣、假智来对应,迫使人间最真实的仁、义、圣、智,竟成了虚假,这不就是"善复为妖"的最佳写照吗?长久以来,天下人执迷于正道善德,却反而掉落在奇变妖恶间,这不就是人世间最大的困惑吗?旧时传统,把天下美女的形象,执定在西施的一颦一笑间,迫使普天之下的东施,只好捧心效颦,此求美不成,反而失落了自身的美好,这何止是困惑,根本是集体的悲剧。《庄子·大宗师》云:"与其誉尧而非桀也,不如两忘而化其道。"为什么他会成为桀纣,因为他想当尧舜,此有心有为适得其反,善德不成,反流于妖恶了。"两忘"就是同时放下尧与桀的二分,没有了尧的正道,也就不会有桀的奇变了,本有的善德也就不会变质而为妖恶了;"化其道",也就是回归"以无事取天下"的"道法自然"(二十五章)。

是以圣人方而不割,廉而不刿,直而不肆,光而不燿。

人生的迷离困惑,既由心知的执着与人为的造作而来,故超离之道,端在圣人主体心灵的化解。圣人治天下,就在于体制架构中,方正、廉洁、正直、光明等实有层的理序规范,没有人可以冲决毁坏。老子的重心摆在作用层的化解，虽方正而不割裂，虽廉洁而不伤害，虽正直而不放肆，虽光明而不耀眼，此化解的作用，可以保住方正、廉洁、正直、光明的实有。若少了自我解消的功夫，会带来自我毁坏的后果，因为，正面会带出它的反面，方正一定会带来割裂，廉洁一定会带来伤害，正直一定会带来放肆，光明一定会带来耀眼。"不"是作用层的化解，不是实有层的否定，老子"无"的大智慧，不在于毁弃人间的既有理序，而在于保存人间本来的美好。

第59章　治人事天的服道积德

内敛涵藏，青春不老。

治人事天，莫若啬。

夫唯啬，是谓早服；早服谓之重积德；重积德则无不克。

无不克则莫知其极；莫知其极，可以有国；有国之母，可以长久。

是谓深根固柢、长生久视之道。

治人事天，莫若啬。

本章以"治人事天，莫若啬"揭开全章的主题，治人之道在于事天，而事天之道在于回归天地自然。人道要走天道的路，依农家乡土的体会，"莫若啬"，即没有比"啬"更贴切的了。"啬"字从来从亩，上半是麦，下半象谷仓之形，亦即秋收冬藏之意。就人生体悟说，自家的光采亮丽，总要内敛涵藏。《韩非子·解老》："圣人之用神也静，静则少费，少费之谓啬。"又云："啬之者，爱其精神，啬其器识也。"此直以无心无为解"啬"之意涵。因为有心有为劳累耗神，会由"物壮则老"，而走向"不道早已"。

夫唯啬，是谓早服；早服谓之重积德；重积德则无不克。

"夫唯啬，是谓早服"，王弼注云："早服，常也。"《韩非子·解老》云："夫能啬也，是从于道，而服于理者也。"高亨《老子正诂》即据此而提出合理的怀疑："'服'下当有'道'字，早服道与重积德，句法相同，辞意相因。"服常即服道，服道即行道，"早服道"如同"贵食母"（二十章），早日依道而行，由"啬"之内敛涵藏，回归"道法自然"（二十五章）之生成原理。

"早服谓之重积德"，此十六章云："归根曰静，是谓复命。"归根即早服道，复命即重积德，在归根中复命，也就是在"早服道"中"重积德"。"含德之厚，比于赤子"（五十五章），也就是重积德，通过修养功夫，把人生路上失落的德再修补回来，"复归于婴儿"（二十八章），而赤子婴儿自我完足，与世无争，不用自我保护，也不必结交天下，什么都不想要，所以也就没有任何弱点。"夫唯不争，故天下莫能与之争"（二十二章），故下文接着说："重积德则无不克。""无不克"可不能执实地说，不是征服天下、攻无不克之意，而是既不争逐名利，也不奔竞权势，那就没有什么要去克制对抗的挑战。老子不是说"及吾无身，吾有何患"（十三章）吗？自身无患也就是所谓的"无不克"，因为再也没有什么不能克服的弱点了。

无不克则莫知其极；莫知其极，可以有国；有国之母，可以长久。

人生既无不可克服的弱点，无须"以正治国，以奇用兵"（五十七章），也就避开了"正复为奇，善复为妖"（五十八章）的扭曲变质，既不正也不奇，不就可以回归"以无事取天下"的太上之治吗？"莫知其极"，是没有忌讳、没有制约之下的天地无限宽广，没有人知道它的极限在哪里。开放的心灵与多元的价值，可以给出天下人活出自己样子的空间。故下文云："莫知其极，可以有国。""有国"是可以保有天下，在"其政闷闷"间朗现"其民淳淳"（五十八章）的自在美好，此圣人无心无为而百姓自归淳朴的治"道"，就是"有国之母，可以长久"了。"母"是生成原理，天道在没有自己中生万物，圣人也在没有自己中生百姓,"以其不自生,故能长生"(七章),就因为天地圣人不把"生"封限在自家的身上,所以才能长久地生万物、生百姓。

是谓深根固柢、长生久视之道。

最后,以"是谓深根固柢、长生久视之道"作结,"深根固柢",在"有国之母","母"就是长生久视之"道",是生命所以能长久的生成原理,故人间长久生自天长地久的自然之道。总说,"有国"是"治人","有国之母"是"事天",而人道要走天道的路,没有比"啬"之涵藏,更能体现天道虚静自然的了。

第60章　圣人鬼神的两不相伤

> 治理大国像煮小鱼一般。

治大国，若烹小鲜。

以道莅天下，其鬼不神；非其鬼不神，其神不伤人；非其神不伤人，圣人亦不伤人。

夫两不相伤，故德交归焉。

治大国，若烹小鲜。

本章开宗明义，"治大国，若烹小鲜"，堪称道家政治思想之具体而微的智慧结晶。这句名言，天下人或许甚易知，却莫能行，因为权力的滋味有挡不住的魅力，会让人忘了自己的限制，而在权力中腐化了自己。故云："贵以身为天下，若可寄天下。"（十三章）说一个把自身看得比天下还高贵的人，也就是一个不要天下的人，我们才可以放心地把天下寄托在他的身上。天下对他来说既然是多余的，他自然会还天下于天下，以天下观照天下了。此观照天下不就是生成天下吗？

治理大国要像"烹小鲜"般清静无为，"小鲜"是小鱼，"烹"是"煮"，不可以热火炒作，以免搅烂了小鱼。苏辙《老子解》："烹小鲜者不可挠，治国者不可烦，烦则人劳，挠则鱼烂。"道家的虚静，重在化解执着造作的劳累，因为不累，人间美好才可能长久。此之谓"绵绵若存，用之不勤"（六章），若有还无，也就用之不累了。

以道莅天下，其鬼不神；非其鬼不神，其神不伤人；非其神不伤人，圣人亦不伤人。

接着，分三层次展开论述。其一，"以道莅天下，其鬼不神"，"莅"当"临"解，在位者以道君临天下，"道常无为而无不为"（三十七章），圣人无为，而百姓无不为，不干扰家常日常，不妨害农耕农作，让百姓在日出日落间作息，在时令节气间耕耘，自然已足，而无待人为侥幸。故普天之下的牛鬼蛇神一概退位，"不神"即失去展现神威的空间，因为天下人不必祈求神灵来庇佑自己。

其二，"非其鬼不神，其神不伤人"，也不是牛鬼蛇神突然间失去了本有的威力，而是就算拥有神奇灵异的威力，也不能伤害在无为而治下"知足不辱"（四十四章）的天下人民。因为天下人民既无求于牛鬼蛇神的神迹灵验，也就不会受到神道灵界的制约，在疑神疑鬼之际，失去自我伸展的价值空间。所谓"天高皇帝远"，是几千年来每一个中国人的心声，何以天（神）要高，皇帝（圣人）要远，因为天高才不会压缩人的精神空间，皇帝远才不会干扰百姓的家居日常。天尚且要高，牛鬼蛇神在人间还有立足的空间吗？

其三，"非其神不伤人，圣人亦不伤人"，也不是牛鬼蛇神的威灵不能伤害人，根本上是圣人不会伤害人。老君千回百转转到了第三层次才点出了天下病痛的症结，就在于圣人有心有为，伤害天下人在先，牛鬼蛇神的邪魔外道，才会伤害天下人于后。原来，人物走在人间的人生行程，最大的伤害来自人间自以为圣人智者的在位掌权者，他们自以为是天道的代表，集至善（圣）全能（智）于一身，权力的傲慢，伤害了天下百姓的尊严；而尚贤贵货，逼天下人走向名利争逐的不归路，在成败得失中困苦难堪，不择手段之余，只好求助于牛鬼蛇神的灵验神通，由此造成了人道与神道的双重威逼与伤害。

在牛鬼蛇神的民间信仰上，本来关怀的重心摆在"在不在"的问题上，而神灵无声无形，转而在"神不神"上用心，为了证明神灵有他的功能效应，故意扮神弄鬼来显现灵验神迹，以取得市井小民的拜服信仰。此在孔子儒家，一者"子不语怪力乱神"；二者言"祭如在，祭神如神在"，将神"在不在"的客观问题，转向主体生命"敬不敬"的心态上；三者言"敬鬼神而远之"，正与道家老君以"伤不伤"取代"神不神"的睿智洞见前后呼应而相得益彰。所谓"远之"，即还给人文应有的自在天地，避开投靠托庇神鬼而反受制约的伤害。

夫两不相伤，故德交归焉。

最后，以"夫两不相伤，故德交归焉"作结，圣人与鬼神，都不伤害人，圣人不伤人，即回归"以道莅天下"的自然之治，"百姓皆谓我自然"（十七章），牛鬼蛇神顿时失去神威法力，天下百姓因圣人与鬼神的伤害而流失的本德天真，也就各自回归自家的身上了。这样的政治智慧，不就像"烹小鲜"般简易高明吗？

第61章　大国宜下的兼容并蓄

> 下流自处，众水交会。

大国者下流，天下之交，天下之牝。

牝常以静胜牡，以静为下。

故大国以下小国，则取小国；小国以下大国，则取大国。故或下以取，或下而取。

大国不过欲兼畜人，小国不过欲入事人。夫两者各得其所欲，大者宜为下。

大国者下流，天下之交，天下之牝。

上章"治大国，若烹小鲜"，论为政之道，本章则从内政转论外交，讲"大国者下流"的处世之道。此处河上公本云："治大国当如居下流。"高亨《老子正诂》云："此句当作'治大国若居下流。'"二说与全章义理不合，因此章不言大国本身当如何平治的问题，而论大国与众小国间要如何相处的问题。处在列国对峙间，可以独霸，也可以结盟；可以合纵，也可以连横。老子则不在国富兵强的争竞与权谋算计的应变上思考，而从智慧的层次给出大国"以其终不自为大，故能成其大"（三十四章）的生成天下之道。

理由是，处于"天下之交"的下流，正是天下众水的交会之地，此一兼容并蓄的无不包容，让天下众水有个汇归处，不会流离失所、泛滥成灾。此等同"天下之牝"的生成作用，"牝"是母，是形上道体的"有，名万物之母"（一章）。

牝常以静胜牡，以静为下。

牝母是雌，而公牡是雄，雌守静而雄躁动，牝以静胜牡，犹"知其雄，守其雌"（二十八章），"知其雄"的志业开创，根本在于"守其雌"的清静无为。故所谓"胜"，乃在雌雄动静间，成其一体的和谐。二十六章云"静为躁君"，动静本相对，然老子的体会，"静"近于道体的虚静无为，故为"动"的君主根本。此守静即是处下，如"水善利万物而不争，处众人之所恶，故几于道"（八章），水无心地往低处流，处在众人所厌恶的卑微之地，做出利万物的高贵事业，故直是天道生万物的人间朗现。"静"在此既是无为的功夫,又是均衡和谐的境界。

故大国以下小国,则取小国;小国以下大国,则取大国。故或下以取,或下而取。

"大国以下小国""小国以下大国",此二"下"字皆当动词用。大国放下大国的强大气势,摆出低姿态,处在众小国之下,就可以取得小国的依附拥戴,此是解消现实的"大",而成全价值的"大";反之,小国守住小国之弱小分位,而藏身在大国之下,就可以得到大国的包容保护,此是守住现实的"小",而成全价值的"小"。苏辙《老子解》云:"大国能下,则小国附之;小国能下,则大国纳之。"在大小诸侯国间,处下不争,不是受制屈服于现实,而是有价值的承担,以"道"维持天下的安定太平,这就是"天下之牝"的生成原理。归结地说,"或下以取,或下而取",古"以"字与"而"字通,有以下而取小国,也有以下而取大国,此二句乃顺承上文的结语。

此孟子也有类似的关怀,《孟子·梁惠王》云:"唯仁者能以大事小。……唯智者能以小事大。……以大事小,乐天者也;以小事大,畏天者也。乐天者保天下,畏天者保其国。"有仁心的人能以大事小，有智慧的人能以小事大，仁者可保天下之太平，智者可保其国的生存，不论保天下的乐天之道，或保其国的畏天之道，其根据就在于形上之道的天理。对老子而言，"以静为下"，"下"是化解的作用，"静"则是作用的保存，化解的作用是智，作用的保存则近于仁，两家身处战国乱局，都有等同的人道关怀与哲理体悟。

大国不过欲兼畜人，小国不过欲入事人。夫两者各得其所欲，大者宜为下。

此"欲"当意欲、意图解，大国之意图，不过是同时保护众小国，而得到众小国的依附；小国之意图，也不过是入事大国，而求得大国的庇护，大家一体皆"下"，透过自我解消的功夫，不引起疑虑，也不给出压迫，大国、小国就可以保有"静"的和谐境界了。不过，大国以下小国，比较容易，因为没有后顾之忧，反正小国不可能并吞大国；小国以下大国，则相对艰难，因为再退让即一无所有。小国弱势，为捍卫最后的尊严，反而会以傲慢的姿态出现。故在大国、小国的互动间，还是"大者宜为下"，因为大国立于不败之地，处下可以让众小国放心，而以"大国者下流"，在"天下之交"间，实现"天下之牝"的生成之道。

第62章　不善何弃的奥藏万物

> 心是乾坤袋，藏有人间的美好。

道者万物之奥。善人之宝，不善人之所保。

美言可以市尊，美行可以加人。人之不善，何弃之有？

故立天子，置三公，虽有拱璧以先驷马，不如坐进此道。

古之所以贵此道者何？不曰：求以得，有罪以免邪，故为天下贵。

道者万物之奥。善人之宝，不善人之所保。

"道者万物之奥"，河上公本云："奥，藏也，道为万物之藏，无所不容也。"此注精到。天道是奥藏万物的终极之地，因天道无心，无执着、无分别，不责求也不批判，万物在此得到了生命的安顿。故下文云："善人之宝，不善人之所保。"善与不善的人间二分,来自心知的执着与人为的造作,此有心有为,责求善也批判不善,迫使天下人承受压力与伤害。

依老子的理解,人间街头老把"善"的标准定在自家的身上,这是人世间最大的偏见,且责求天下人符合我的价值标准,只要是跟我不同的即判定为"不善",这是人世间最大的傲慢。实则,人人天生本真,人人都有自家的善,把原本属于不同形式的善,说成不善,且推上极端而成为一种意识形态以排除异己,此即导致人间纷扰的症结。

道奥藏万物,给出庇护之所,人间二分之下的"善人"与"不善人",都可以解开心灵的桎梏,而得到生命的释放。善人不必被善套牢,不善人也不必逃离不善,善与不善一起放下,善人固得其宝,不善人也得其所保,在道的保护伞之下,人人自在也自得。"宝"在自在,而"保"在自得。

美言可以市尊,美行可以加人。人之不善,何弃之有?

王弼本作"美言可以市,尊行可以加人",今据《淮南子》之《人间训》与《道应训》两篇引文而改。"美言可以市尊",即美言可以买到尊贵,"美行可以加人",即美行可以加重于人。问题是,此美言、美行之"美",一如"信言不美,美言不信"(八十一章)之"美",本质上是人为加工的夸饰虚假,故"人之不善"，只是欠缺美言、美行的伪装加持而已，当然"何弃之有"，怎么可能被排除抛弃呢？

二十七章云："常善救人，故无弃人。"四十九章又云："善者吾善之，不善者吾亦善之，德善。"可与此章彼此印证，而相互发明。去掉"善"与"不善"的执着二分，解消美言市尊、美行加人的造作，而回归人人本有的常善与德善，天下人皆得其天生本真的"宝"，也得其道法自然的"保"，因为道体是又有又无的"玄"妙，而"天下万物生于有，有生于无"（四十章），故道体的"无"正是所以能奥藏万物的生成原理，"奥藏万物"就是道体的"有"，"有"万物也就是"生"万物、"妙"万物了。

故立天子，置三公，虽有拱璧以先驷马，不如坐进此道。

"立天子，置三公"，正所以凸显人间的名位权贵，"有拱璧，先驷马"，亦所以炫耀人间的富丽排场，都不如"坐进此道"。此一"坐"字，相对于"立"天子、"置"三公的"有心"，与"有"拱璧、"先"驷马的"有为"而言，"坐"是当下放下一切，而一切已在这里，"坐进此道"，意谓在无心无为中，回归天道自然。"有拱璧"是拥有双手合拱之大的璧玉宝石，"先驷马"是有由车队先行开道的威势风光；此有形的宝石，远不如无形的宝（天真之德），且权贵富有的人为造作，抢尽人间光采，已构成天下百姓的威胁，在"其次，畏之；其次，侮之"（十七章）的民意反应之下，犹恐"物壮则老"而"不道早已"（三十章），因为人为短暂而自然长久，所以说"不如坐进此道"。

古之所以贵此道者何？不曰：求以得，有罪以免邪，故为天下贵。

最后这句即问自古以来人人皆尊崇此道的原因何在？答案就在于"求以得"，求道者"善人"固得其宝，"不善人"也得其所保。所谓"有罪"，乃指被判为不善之过，实质上，"不善"可以还原为"不同的善"，故其罪过自可解免，而不必承受被贬抑、被流放的挫折伤害。"道体"使人人皆贵，是"贵"的源头活水，故为天下之最贵。

第63章　无为无事的报怨以德

> 忘了自家的德，人我之间归于无怨。

为无为，事无事，味无味。大小多少，报怨以德。

图难于其易，为大于其细。天下难事，必作于易；天下大事，必作于细。

是以圣人终不为大，故能成其大。

夫轻诺必寡信，多易必多难。是以圣人犹难之，故终无难矣。

为无为，事无事，味无味。大小多少，报怨以德。

首段为全章之重头戏，言圣人治天下，所为的是"无为"，所事的是"无事"，所味的是"无味"，而"无为""无事""无味"皆从"无心"说。"无心"是心知不起执着，因为无心无知,"为"等于"无为","事"等于"无事","味"等于"无味",不执着也就无负累,没了大小多少的分别比较,也就不会引发人间难以摆平的"怨"。

《论语》有云:"不患寡,而患不均。"不均之患,就在比较心、得失心的不平之"怨"。老子首先要问的是,"怨"自何起,答曰:起于大小多少的执着分别。再进一步问,"报怨"之道何在,答曰:无怨。所谓"报怨",就是回应民怨之道;"以德",是以无心天真来化解,无心就是不起执着,没有大小多少的分别,无分别比较,就不会有患得患失之"患",民间的"怨"也就可以化解于无形了。当人物"复归于婴儿",人间"复归于朴",婴儿天真,乡土朴质,无心无为,"怨"无由而起,如何"报"的问题,已然不存在,这是老子"不答之答"的智慧。

《论语》亦有"以德报怨"与"以直报怨"的对话,孔子反对"以德报怨"的理由,在于"何以报德",你都以恩德去回报与我们有怨的人了,请问还有什么可以用来回报对我们有德的人?"报德"与"报怨",理当做出区隔,孔子给出的答案,是"以直报怨"而"以德报德",这才是恩怨分明的合理回报。老子的"报怨以德",跟《论语》的"以德报怨",不可遽尔画下等号,前者论的是要以无心天真化解民间"怨"的萌生,后者问的是以恩德回报对我们有怨的人合理吗?二者完全是在不同的关怀之下发言。故康有为"以德报怨,其学出于老子"之说,仅在字面上求解,而未得其精微之义。老子"无心"的化解,根本就不让"怨"有生成的空间,孔子"有心"的贞定,"怨"已滋生,该如何回报?故老子抛出"何以报德"的问号,来逼显"以德报怨"的不合理,而应该"以直报怨"。站在道德的立场上,每一个人都要为自己的言行负责,对我们有怨的人,我们仍然要还给他一个正直的公道,而不会以怨报怨,从而加深人我间的怨责和恨意。

图难于其易,为大于其细。天下难事,必作于易;天下大事,必作于细。

是以圣人终不为大,故能成其大。

为政之道,"图难"要在其"易"处,"为大"要在其"细"处,理由是,"难"必起于"易","大"必出于"细",故意图解决天下大难事,要从细易处入手,而不让细易的小事坐大、恶化而为重大难题,那不仅令人心力交瘁而难期有功,且伤害早已形成。所以圣人终究不为大,不好大喜功,不等细易化成大难,为情势所逼迫,说是勉为其难,然为时已晚,错失了最佳的时间点。原来,圣人之所以能"成其大",理由就在于他的"终不为大"。依"为无为,则无不治"（三章）来看，前者是"终不为大"，后者则是"成其大"，"成其大"是"有"，"终不为大"是"无"，这就是老子"有生于无"之形上原理的体现。

夫轻诺必寡信，多易必多难。是以圣人犹难之，故终无难矣。

最后，未经评估即轻易许下诺言的人，一定少有信实的表现，把问题看得太简易的人，一定会承受更多难题的考验，因此圣人治天下，虽面对细易事，仍如同大难般看重，不会坐等问题扩大、加重才去处理，所以也就不会有"大难"的发生。此"圣人犹难之"，就是"圣人终不为大"；"故终无难矣"，也就是"故能成其大"。此所成之"大"，不在功业的"大"，而在"终不为大"的无为智慧。圣人"无为"，天下百姓也就可以回归家常、日常的"无不为"了。

第64章　为之未有的辅物自然

> 人生智慧本在不让问题产生。

其安易持，其未兆易谋；其脆易泮，其微易散。

为之于未有，治之于未乱。

合抱之木，生于毫末；九层之台，起于累土；千里之行，始于足下。

为者败之，执者失之。是以圣人无为故无败，无执故无失。

民之从事，常于几成而败之；慎终如始，则无败事。

是以圣人欲不欲，不贵难得之货；学不学，复众人之所过，以辅万物之自然，而不敢为。

其安易持，其未兆易谋；其脆易泮，其微易散。

此段是说，人世间的事，在情势安定时容易操持，兆端未现时容易图谋；在脆弱而未成形时容易破解，细微而简易时容易消散。"泮"，傅奕本作"判"，《说文》："判，分也。"今"分""判"已连语使用。此脆、微一如细、易，因其易判、易散，故当"图难于其易，为大于其细"（六十三章），以其"旨约而易操，事少而功多"（《论六家要旨》）之故。

为之于未有，治之于未乱。

义理往上伸进一层，不仅在细易处为治，而且根本不让问题发生，一如不让"民怨"萌发一般，此从"未有""未乱"的化解功夫，说"为之"与"治之"，理由就在于"其安易持，其未兆易谋"。"安"即"未有"，"未兆"即"未乱"。不过，依语文脉络看，既"未有"，又何须"为"？既"未乱"，又何须"治"？实则，老子要说解的是，因为"为之"，故"未有"，因为"治之"，故"未乱"。此为洞烛机先且先发制人的政治智慧。

五十二章云："见小曰明。"三十六章又云："是谓微明。"细易是"小"，未有、未乱是"微"，圣人虚静观照，于细易之"小"与未有、未乱之"微"，已照现问题之即将发生，故表面看来是"安"，而实质上仅是在"未兆"的关键时刻，已将问题化解于无形。故所谓的"为之"与"治之"，皆从"为无为，事无事"(六十三章)的无心而为说,这一"无"的修养功夫,让天下回归本无事的自然状态,让百姓回归皆谓我自然的自在自得,这就是"为之于未有,治之于未乱"的真正意涵了。

合抱之木,生于毫末;九层之台,起于累土;千里之行,始于足下。

此言合抱之木的大,是从小树苗长大而成;九层之台的高,是由每一竹笼所盛的土积累而成;千里之行的远,是靠双脚逐步走出来的。"累"当作"蔂",是可盛土的小竹笼。总说"大"作于"细","难"作于"易",人间"大""难"固由"细""易"坐大而成,人间美好也要在心上做功夫,靠日积月累涵养而有。

为者败之,执者失之。是以圣人无为故无败,无执故无失。

本来"为者"是为了"成之","执者"是为了"得之",却因为执者有心,为者有为,执着造作适得其反,反而落在可能"败之"与"失之"之恐慌阴影的压力困境中。因为成败得失本是相对而立,相因而成的,有成则有败,有得即有失。人心的痴迷热狂,误以为我可以只要成,不要败,只要得,不要失,实则那是不可能的任务。人生得成外在的名利权势,一定会失落了生命本身的天真自在,在人间街头奔竞争逐上投入了太多的时间和心力,留给自身跟家人聊天谈心的闲情空间,一定会相对减缩,在疲累厌倦之余,幸福指数当然也就直线下降了。故圣人不求有成,也就不会落败,不求有得,也就不会失去,此"不求"即无心无为,不会因执着造作而失落了家常、日常的自然美好。

民之从事,常于几成而败之;慎终如始,则无败事。

人间行走,不论从事哪一行业,最常见的遗憾是功败垂成,在即将成功的阶段,却意外落败,此看似输在终点线的冲刺,实则是错失了早就深藏在起跑点的抉择。老子反思的问题,表面上看来是如何"慎终",实质上给出的扭转却在"如始"。此"如"当"于"解,不是要大家坚持到最后一分钟,而是一开始就要有无执无为的觉悟。无心知的执着,就可以永不失去,无人为的造作,就可以永不落败,所以说"无败事"。慎终于始,根本就不让问题有发生的可能,更不用说会坐大、恶化了。

是以圣人欲不欲，不贵难得之货；学不学，复众人之所过，以辅万物之自然，而不敢为。

最后，圣人所欲的是不欲，所学的是不学，"不欲""不学"皆从无心无为说，心知不起执着，人为也不造作，不去追逐天下的货利，不去崇尚人间的贤名，就不会引发天下人追逐名利的热潮。"复"当"救"解，把天下人从争名夺利的病痛中救了回来，圣人无心无为，而百姓自在自得。"辅"是不主导、不宰制，"自然"是"然"从自己来，圣人不干预、不妨害，百姓回归家常日常，所谓"不敢为"，即不敢有为，不敢自以为是圣人智者而有心有为。此圣人、智者的"不敢"，正回应了"慎终于始"的人生理解，避开"几成而败之"的人间遗憾。

第65章 与物反矣的玄德大顺

圣人总带着万物回归一体的和谐中。

古之善为道者,非以明民,将以愚之。

民之难治,以其智多。故以智治国,国之贼;不以智治国,国之福。

知此两者亦稽式;常知稽式,是谓玄德。

玄德深矣远矣,与物反矣,然后乃至大顺。

古之善为道者,非以明民,将以愚之。

"善"乃自然无心之谓,"为道者"是依道而行的人。道引入人间,为政之道在于"非以明民,将以愚之"。此"明"是"知人者智"的执迷纷扰,"愚"是"自知者明"(三十三章)的虚静明照。故"明民"是有心有为,开启争端;"愚之"则是无心无为而归于素朴。"明"看似精明，实则流于算计权谋，然而人算不如天算，此举反倒会伤害了天生本真；"愚"看似愚昧，实则大智若愚，内敛涵藏，反而能保有自然美好。

故"愚之"不是如钱穆先生所说的"愚民政策"，也不是余英时先生主张的"反智论"。二十章云："我愚人之心也哉！俗人昭昭，我独昏昏；俗人察察，我独闷闷。……我独顽似鄙。"此"昏昏"无心、"闷闷"无为的愚钝看似鄙陋，就与"昭昭"有心、"察察"有为的精明相反，而在位者会以"愚人"自称，正是"绝圣弃智""绝仁弃义"之自我解消的修养功夫，消解了圣智有为与仁义有心，而回归"道法自然"的无为治道。"道常无为而无不为"（三十七章），圣人无为，百姓无不为，圣人带百姓"复归于婴儿"，且引天下"复归于朴"（二十八章），这就是"愚之"的内涵写照了。

民之难治，以其智多。故以智治国，国之贼；不以智治国，国之福。

此诠表"非以明民"的理由，就在于"民之难治，以其智多"，因为明民会智多，一边是什么都想要的痴迷热狂，一边是什么都不管的驰骋畋猎，只问目的，而不择手段。三十六章云："国之利器不可以示人。""智多"是争逐抢先的利器，且隐藏性的心术运用,犹恐流于阴深险忍,何止难治,根本就是天下大乱了。以智治国,会带来国家的昏乱,故云"国之贼";反之,不以智治国,不好大喜功,不抛现"可欲",使民心不乱,天下太平无事,这才是国家之福。

知此两者亦稽式;常知稽式,是谓玄德。

"知"承上启下,由是可知之谓(另本无"知"字);"此两者",是"以智治国,国之贼;不以智治国,国之福"的治道论定。"稽"当"考"解,"稽式"即今古之所同式,意谓此两者乃君上治国可以此参证的法式。另本"稽式"作"楷式",即"法式","常知稽式"是此可资参证的法式常存我心。由"无了才有"的修养功夫,体现"有生于无"的生成原理,这就是又有又无的天道玄德了。

玄德深矣远矣,与物反矣,然后乃至大顺。

这段话,可与"绳绳不可名,复归于无物"(十四章)对照看,整合以求解。玄德之所以深远,就在于它"生而不有"的生成作用,将"生"的"有"解消,而还归道本身的"无",此"玄之又玄,众妙之门"(一章)的形上原理,不可道又不可名，故云："吾不知其名，字之曰道。"（二十五章）道自隐无名，本不可说，然体现道的人，证悟天下万物从它来，又走在它的路上，无以名之，故给出"道"的称谓。"与物反矣"，犹"反者，道之动"（四十章），"反"就是"复归"，"道之动"即带着万物回归它自己的生成作用中。"然后乃至大顺"，"大"是"道"的强为之名，"顺"是"知和曰常"（五十五章）的整体和谐，而"无物"不就是万物均衡的和谐状态吗？此和谐状态就是"归根曰静"（十六章）的"静"，风平浪静、风和日丽，不就是天下什么事都没有的太平景象吗？

此证成"非以明民，将以愚之"，是"善为道者"的无为智慧。"非以明民"是无为的"无"，"将以愚之"是无不为的"有"，圣人体现了"有生于无"的形上玄德，而为天下带来了"大顺"的整体和谐，这一天下本无事的升平景象，不就是"国之福"吗？故可以作为古往今来之从政者该当常存我心的价值模式。

第66章 言下身后的百谷之王

超前领先者要心存歉意。

江海所以能为百谷王者,以其善下之,故能为百谷王。
是以欲上民,必以言下之;欲先民,必以身后之。
是以圣人处上而民不重,处前而民不害。
是以天下乐推而不厌。以其不争,故天下莫能与之争。

江海所以能为百谷王者,以其善下之,故能为百谷王。

长江大海之所以能成为百谷之水的汇归之地,理由就在于它的"善下之","善"在无心自然,"下之"当动词用,即处下不争之谓。

此可与"上善若水,水善利万物而不争,处众人之所恶,故几于道"(八章)统合并观。水利万物,"善"在不争,水无心、自然地利万物，也无心、自然地往下流，因无心而不起执着，无分别、不计较，才可能长久地处在众人所厌恶的卑微之地，且在最卑下的地方，做最高贵的"利万物"也"生万物"的事。此所以上善之人的生命品格像水一般，体现了道体"有生于无"的生成原理。江海也没有自我的执着，无心、自然地处下不争，空出自己，而容纳天下百川的水，此所以成其为天下的百谷之王。再看第四章所云："道冲，而用之或不盈，渊兮似万物之宗。"道体冲虚，而妙用无穷，像深渊般包容万物，也生成万物，故可以作为万物的宗主。江海善下，如同道体冲虚；接纳百川的水，亦即"用之或不盈"；而百谷之王也就是"万物之宗"了。

是以欲上民，必以言下之；欲先民，必以身后之。

此天道生万物的生成原理，落在人间，即圣人生百姓的政治智慧。在位者想要身处万民之上，一定要言语谦卑；想要身居万民之先，一定要把自己放在最后。此"上民"与"言下"、"先民"与"身后"，取得了上下先后的平衡，而有一整体的和谐。

此"言下"与"身后"，说的是在位者处下不争的修养功夫。此第七章有云："是以圣人后其身而身先，外其身而身存。""后其身"，就是"身后之"；"外其身"，就是"言下之"。圣人放下身段，反而"身先""先民"；圣人谦退自处，反而"身存""上民"。"后其身""外其身"，是"无"的功夫修养，而"身先""身存"则是"有"的生成妙用了。

是以圣人处上而民不重，处前而民不害。

"是以"即"以是"，因此之意。圣人处上，即"欲上民"；处前，即"欲先民"。圣人位居天下人民之上，一定会给天下人民带来屈居人下的压迫感；身处天下人民之先，也一定会让天下人民承受常处于人后的伤痛。道家的智慧在于，圣人已做了"言下""身后"的自我消解，化掉了"处上"的沉重压力，也不会构成"处前"的生命伤痛。"为之于未有，治之于未乱"（六十四章），在天下难题未形成之时，就已将其化解于无形了。

是以天下乐推而不厌。以其不争，故天下莫能与之争。

最后，圣人"处上"而民没有压力，"处前"而民不受伤害，故天下人民乐推圣人于自身之上，乐推圣人于自身之先。此"乐"，藏有"百姓皆谓我自然"的自得之意，既"乐推"

也就"不厌",自不会有厌弃之心。而其理由就在于"以其不争,故天下莫能与之争",圣人"身后""言下",把自身放在最卑下的位置,他放下一切,不跟天下人争先后、比高下,请问天下还有哪一个人能跟他争呢?因为根本就已失去了"争"的空间了。

第67章　道大不肖的我有三宝

在自我解消中给出包容的空间。

天下皆谓我道大，似不肖。夫唯大，故似不肖。若肖，久矣其细也夫！

我有三宝，持而保之：一曰慈，二曰俭，三曰不敢为天下先。

慈故能勇；俭故能广；不敢为天下先，故能成器长。

今舍慈且勇，舍俭且广，舍后且先，死矣！

夫慈，以战则胜，以守则固。天将救之，以慈卫之。

天下皆谓我道大，似不肖。夫唯大，故似不肖。若肖，久矣其细也夫！

天下人都以为我所说的"道"太开阔无边而不切实际；太

虚无玄妙了，难以理解，所以说看起来不像。"不肖"是不像有形的器用，可以抓住，可以控御。"夫唯大，故似不肖"，就因为"强为之名曰大"的道体，无声无形又无所不在，太大了反而看起来不像。何以不像？因为无相可相。"久矣其细"，就是其细久矣，老子在此做了一个后设的反思，假如让世俗民间觉得"道"像器物般有用的话，那么长久以来我所说的"道"，就不是"大"的体，而是"小"的用了，也真是微不足道了。此如同"下士闻道，大笑之，不笑不足以为道"（四十一章），何以"大笑之"，因为"不肖"；"不笑不足以为道"，也就是"若肖，久矣其细也夫"，此反讽幽默间，藏有自嘲的惆怅，更多的是放下的包容。

我有三宝，持而保之：一曰慈，二曰俭，三曰不敢为天下先。

老子现身说法，"道"化身为三大法宝，人人皆当持守而保有。一是无心自然的"慈"，二是"俭"约的智慧，三是不敢为天下先的处世态度。母"慈"乃天地生物的奥秘，发自天生母性的本能，让万物世代绵延，堪称"道法自然"的第一道德。相对而言，儒家的"仁"来自人性的价值自觉，故人间世界的第一道德在子"孝"。"慈"遍及飞禽走兽，"孝"则为人间所独有。

"慈"无心亦无为，而无为的本身却有无不为的妙用，这就是俭约的人生智慧。"俭"不是生活财用的节俭，而是生命智慧的俭约。司马谈《论六家要旨》有云："旨约而易操，事少而功多。"为政之道，因旨约而事少，因易操而功多，前者无为，后者无不为。六十三章云："图难于其易，为大于其细。"在细易处图难为大，自是简易高明的政治智慧。六十四章云："为之于未有，治之于未乱。"在"未有""未乱"之时，即"为之""治之"，化解问题于无形，更是俭约智慧之充尽极致的表现。

所谓"无为"，就在守柔居弱、处下不争，也就是"不敢为天下先"，不过，"道常无为而无不为"（三十七章），且"后其身而身先"（七章），"后其身"是无为，"身先"则是无不为，原来，"不敢为天下先"的处世态度，已涵藏有"后其身而身先"的俭约智慧；而智慧的开显背后，却是对人间普遍关怀的"慈"心。

慈故能勇；俭故能广；不敢为天下先，故能成器长。

这活出人间的三大法宝，值得天下人持守而保有的理由在：母慈的无心之爱，能启动生成天下的勇气担当；俭约的智慧，能拓展更宽广的淑世空间；不敢抢在天下人之先的退让，反而能成就众器之长的救人志业。二十八章有云："朴散则为器，圣人用之则为官长，故大制不割。"朴质的原木被切割打开，打造出各式各样的器用来，圣人治天下，就依据有如原木般朴质的"道"，用以统合职权已区隔散开的百官，所以可以作为百官之长的政治领导人。不然的话，百官职权已散落裂解，天下平治又如何能成？故要以"道"朴的无执着、无分别，来整合众器、百官，制度一定会带来割裂，以"道"来统贯整合的"制"，就是大制不割了，解消了因制度而割裂的负作用。

今舍慈且勇，舍俭且广，舍后且先，死矣！

反观现代人却舍本而求末，舍离了"慈""俭""后"（"不敢为天下先"的浓缩精简）的"体"之本，而求其"勇""广""先"的"用"之末。"死矣"是死定了，意谓绝无可能，如同无源之水、无本之木，终将枯竭而死亡。吾人从老学的流变来做考察，申韩得其俭约之智而发为政治术用，慎到得其"不敢为天下先"的处世态度，沉堕而为"块不失道"的"死人之理"（生命如土块般无知，就可以远离压力困苦，此已非生人之行，这样的生命观，堪称死人之理）。二者皆失落了老子三宝的"一曰慈""二曰俭",成了刻薄寡恩的治术,"三曰不敢为天下先"则成了自闭的土块了。

夫慈,以战则胜,以守则固。天将救之,以慈卫之。

总结全章,"慈"为根本,"慈故能勇",所以说"以战则胜","俭故能广",所以说"以守则固",以"无为"的"守",保住"无不为"的"固"。"善者果而已,不敢以取强"(三十章),用兵之道,"善"在"慈","果"在"俭","不敢以取强"也就是"不敢为天下先"了。"果",王弼本解为"济难",重心在"以守则固",而不在于"以战则胜"。依慈心守护家国天下,一定是坚固不可破的。故云,天道要救哪一个人,是以那一个人本身的"慈"心来救他自己,这就是"常善救人,故无弃人"(二十七章)的真正意涵了。

第68章　不武不怒的不争之德

> 处下不争，天下凝聚。

善为士者不武，善战者不怒，善胜敌者不与，善用人者为之下。是谓不争之德，是谓用之人力，是谓配天古之极。

这是《道德经》少数的言兵的一章，其论述的依据仍在"有生于无"的形上原理。所谓的用兵之道，重在作用层的化解，而不在实有层的建构。"不争之德"是化解的作用，"用人之力"则是作用的保存。本文架构极为精简，几乎是一气呵成，前半段说理，后半段综论。

善为士者不武，善战者不怒，善胜敌者不与，善用人者为之下。

此段"为士"之职责在"征战"，而"征战"则旨在"胜敌","胜敌"之根本在于"用人",这样就已形成一系列的架构理路。

从"古之善为士者"(十五章)与"古之善为道者"(六十五章)来看,"善为士"也就是"善为道"。"士"立身在贵族与庶人之间,既无贵族之封地采邑,又乏农工商之专技产业,孑然一身,唯"士志于道"以求"天下有道"而已。问题在于,是儒门之士,还是墨者之侠,甚或道家之隐。儒门之道在仁义礼智,墨者之道在兼爱非攻,道家之道在清静无为。三家各有内圣外王之道。而老子所谓"善为士"者,即体现清静无为之道于自身的"士"。看上下语文脉络,此"士"当指涉领军的将帅。将帅带兵征战,征战重在争胜,而胜敌之本在于用人。

本来,"武"所以"为士","怒"所以"征战","与"所以"胜敌","为之下"所以"用人"。老子却独家说"善",而道家义理"善"在于无心自然。"善"如何体现,各加一个"不"字,"不"不是实有层的否定,而是作用层的化解。老子"正言若反"的辩证思考,化解正面的执着造作所拖带出来的反面效应,反而可以更上一层楼地保存原有的正面价值。"不武"是深藏不露,不炫耀自家军团有多强,这样才是"善为士者";"不怒"是冷静从容,不被激怒而轻启战端,这才是"善战者";"不与",另本"与"作"争","不与"即不与之争,不随对方起舞,不被叫嚣牵动而乱了自家阵脚,这才是"善胜敌者";"为之下"是指放下自己的身段,谦退礼让以发挥团队力量,这才是"善用人者"。

"善"由致虚守静的修养功夫而开显,不会落在"物壮则老"之"不道早已"的自我毁坏中。"为士""征战""胜敌"与"用人",皆以"道"为依归。天道"有生于无"的实现原理,引入政治是"无为而治"的智慧,导向用兵则是"不争之德"的妙用。

是谓不争之德,是谓用之人力,是谓配天古之极。

此段是前半说理之统合综论语。"不武""不怒""不与"和"为之下"的统合归结,就在于"不争之德"。此"不争之德",正所以开启"用人之力"的宽广空间,而价值源头就是"配天古之极"。

"不争之德",如同"不敢为天下先,故能成器长",成众器之长,就是能"用人之力"的将帅,且"为之下",而天下才士群集效力,也就是"俭故能广"的无穷妙用了。二者皆本于"配天古之极",此亦彰显了"天将救之,以慈卫之"的形上智慧。"天"是万物存在的根源,"古"是文化传承的根源,二者都是"极","配"当"合"解,也就是合乎天道的终极原理。

第69章　所执无兵的哀者之胜

无形的能量才是致胜的依据。

用兵有言：吾不敢为主而为客，不敢进寸而退尺。
是谓行无行，攘无臂，扔无敌，执无兵。
祸莫大于轻敌，轻敌几丧吾宝。
故抗兵相加，哀者胜矣。

本章承上一章，续言用兵之道，且皆为"我有三宝"的例证与引伸。

用兵有言：吾不敢为主而为客，不敢进寸而退尺。

此为摆出"不敢为天下先"的姿态。所谓"用兵有言"，可能是自古以来兵家相传的教言。"为主"是发动者，看似操之在我，握有主动进攻的优势，然"静为躁君"（二十六章），被攻者看似被动,却有以静制动的运作空间,此已主客易位,清静隐藏者反为主,发动暴露者反为客,优势尽失,且可能掉入对方巧设之埋伏陷阱。所以说不敢主动进攻,而宁可静以待动;且不敢前进一寸,而宁可退守一尺,此自是处下不争的处世态度。

不过,这可不是以退为进的权谋,用以出奇制胜,而是无为的本身就是无不为,可以远离战火,保有太平岁月。

是谓行无行,攘无臂,扔无敌,执无兵。

此凸显了"二曰俭"的应变智慧。部队或攻或守,总要布阵行军,要高举双臂,要抛掷敌人,要手执兵器,然在"不敢"的体认之下,所有的军事布局与操练,加上一个"无",都要从有形转入无形,以"无"的化解作用,再作用于保存"有"的格局。行无形的行阵,攘无形的手臂,扔无形的敌人,执无形的兵器,"实有层"的布局操练依旧,而以"作用层"的智慧来灵活运用。以静制动,莫测高深,让敌人不敢轻启战端。

王弼本云:"言无有与之抗也。"既然化解于无形,就不会触动对方的敏感神经,或逼出一触即发的失控情势。此以"无"为善,正是"善为士者不武,善战者不怒,善胜敌者不与,善用人者为之下"(六十八章)的不争之德。

祸莫大于轻敌,轻敌几丧吾宝。

在列强对峙间,没有比看轻敌国更大的灾难,因为轻敌带来误判,兵凶战危,而"其事好还",会引爆"荆棘生焉"的毁坏与"必有凶年"的祸患。故"轻敌"的背后,可以说是丧失了三宝之首的"慈",背离了"天将救之,以慈卫之"(六十七章)的道行。轻敌等同于藐视,会牵动对决的激烈反应,岂不是把天下人民逼向战火的煎熬吗?"大国者下流"(六十一章),尊重小国的感受,不给出压力,反而得到了众小国的真心拥戴,怎能恃强而轻敌呢!

故抗兵相加,哀者胜矣。

"抗兵"是兵力相当,"相加"意谓两军对阵,胜利总是属于心存慈悲的一方。"哀"是悲悯哀怜之意,即使战胜了,也当"以哀悲泣之""以丧礼处之"(三十一章),出乎慈心悲怀,人世间的战乱或许就可以消解于无形了吧!

第70章　易知易行的言宗事君

> 内敛涵藏，保有生命的纯真。

吾言甚易知，甚易行；天下莫能知，莫能行。
言有宗，事有君。夫唯无知，是以不我知。
知我者希，则我者贵。是以圣人被褐怀玉。

吾言甚易知，甚易行；天下莫能知，莫能行。

　　此章一开始，老君发出真切的感怀，问"吾言甚易知，甚易行"，何以"天下莫能知，莫能行"？吾所言之道，本"甚易知，甚易行"，而天下人却"莫能知，莫能行"。借此提问而自我反思，此平易近人的道，在人间怎会滞碍难行？

　　"知"是理解，"行"是实践，理解由体悟而来，已涵蕴了实践的意味，故悟道也就是道行。生命的学问，"知"与"行"

本是一体不可分的。"甚易知"是因为"不出户,知天下","甚易行"是因为"不窥牖,见天道"(四十七章),天下本在吾家,天道就在我身,回归真实的自我,也就知天下、见天道了,这不就是甚易知、甚易行了吗?

而"莫能知"是因为"下士闻道,大笑之"(四十一章),"莫能行"是因为"天下皆谓我道大,似不肖"(六十七章),既"莫能知",也就"莫能行"。唯此非理论艰深之理解的难题,而是心知执着的障蔽与人为造作的偏颇。在"为学日益"的执着造作中,"其出弥远,其知弥少"(四十七章),故扭转之道,在"为道日损"的功夫修养,无掉心知人为的障蔽偏颇,就会顿然发现老君的道。真相是"甚易知,甚易行";"莫能知,莫能行"仅是世俗迷离带出来的假象。

言有宗,事有君。夫唯无知,是以不我知。

从"知"来说,我是"言有宗";从"行"来说,我是"事有君"。问题是,言语散落而行事琐碎,言语旨在理解,行事重在实践,都是以"道"为依归,散落的言语与琐碎的行事,都统贯在"道"的体系中。此所谓"宗",即"渊兮似万物之宗"(四章),此所谓"君",亦即"静为躁君"(二十六章),宗主与君主皆指涉"可以为天下母"的"道",而以深渊的奥藏与虚静的观照，来描述天道的生成作用。

而"道"深藏静观，既无心又无为，"夫唯无知，是以不我知"，就因为"道隐无名"（四十一章），"道"把自身隐藏在什么都不是的无名中，"无知"是"无"掉心知，解消执着，不打出自己的名号，不彰显自己的光采，所以天下人"不我知"（即"不知我"，文言语法受词提前），道不显"知"相的丰富精彩，世俗民间因其"不肖"而"大笑之"，"道"就此在人间失落。

知我者希，则我者贵。是以圣人被褐怀玉。

天下人不知我，就是"知我者希"，老君在此就从"知我者希"说"则我者贵"。"人之迷，其日固久"（五十八章），所以"知我者希"；"则"当动词用，意谓能以我所说的"道"理作为价值规范与行为模式的话，那就是人间少有且难能可贵了。此依道而行的道行，就是"为道日损"，解消心知，减损人为。"被褐"是外着粗布短衣，"怀玉"是内怀珍宝美玉，以粗服涵藏宝玉，因宝玉会透露光彩，故以粗服来掩盖。五十二章云："用其光，复归其明。"五十八章又云："光而不耀。"内敛涵藏自身的光彩亮丽，不卖弄炫耀，不压迫天下人，这才是圣人的人格行谊。圣人被褐怀玉，就在"和其光"中"同其尘"，圣人即以此道行而平治天下。

第71章 知止不知的圣人不病

能超越心知的人，可以免于生命的病痛。

> 知不知，上；不知知，病。
> 夫唯病病，是以不病。
> 圣人不病，以其病病，是以不病。

此章寥寥数语，至简而难解，说解的是契入"道"的进路问题。

知不知，上；不知知，病。

此段依常识性的解读，知而不自以为知，是合理的认知心态；不知而自以为知，则是不合理的认知心态。合理之处在于开发精进不已的生命内涵，不合理之处在于阻断了自己的成长空间。此与孔子所说的"知之为知之，不知为不知，是知也"

的义理相近,知之是知之,而不知也能承认自己的无所知,那才是合理的学习态度。希腊大哲苏格拉底也说:"我所知道的唯一一件事,就是我什么都不知道。"此说开启了西方传统以"知识的探究"为首出的哲学进路,而以儒学为主流的中土传统却选择以"生命的实践"为首出的哲学进路。前者谓知识的学问,后者谓生命的学问。

依《道德经》所言,"为学日益"是知识的学问,而"为道日损"则是生命的学问,"日益"与"日损"皆是就心知说。"日益"是心知的执着,"日损"是心知的解消。故"知"是心知的执着,"不知"则是心知的解消,"知"与"不知"一如"可道""可名"及"常道""常名",是两层的超越区分。"可道""可名",是以心知执着的价值理念,来引导人生的走向,并规定生命的内涵;"常道""常名"则是解消心知的执着与主观的偏见,让生命回归生命本身,而给出"每一个人走出自己想走的道路,并活出自己想要的内涵"的自在天空。

故"知不知,上",是从"知"进到"不知",此即"为道日损"的生命进路;"不知知,病",是由"不知"掉落"知",亦即"为学日益"的心知进路。前者的生命因心知"日损"而存全天真,故为"上";后者的生命因心知"日益"而失落天真,故为"病"。"上"在精纯高明,"病"在迷离困惑。心知减损则虚静观照,由自知而知常;心知增益则外逐流落,"其出弥远,其知弥少"(四十七章),越往外追寻反而离道越远。

《庄子·齐物论》有云:"知止其所不知,至矣。"二者对看而相互印证,此即"知不知,上"最贴切的解释。"知不知"是"知止其所不知","上"则是"至矣"。"止"有依止、停靠之意,值得放下一切追寻,而停靠、依止的一定是终极理想的朗现。"不知"是道心,堪称至高无上的理境开显。四十四章云:"知足不辱,知止不殆。"体悟人生路当足于本德而止于天真,就可以远离屈辱而不会毁坏了。

夫唯病病,是以不病。

帛书本无此八字,钱大昕疑为后人窜入,因其义理完全与末段重叠。依字面上来说,就因为自家能以病为病,防患于未然,有此体认觉悟,才不会落在由"不知"而"知"之执着造作的人生病痛中。

圣人不病,以其病病,是以不病。

圣人依道而行,无此病痛,原因就在于能以病为病,不走外逐日益的心知之路,而走回归日损的生命之路。以是之故,圣人有避开人生病痛的免疫力,乃由"不知"的修养而来。

第72章　无狎所居的圣人自知

把尊严、美好还给百姓。

民不畏威,则大威至。
无狎其所居,无厌其所生。
夫唯不厌,是以不厌。
是以圣人自知不自见,自爱不自贵。故去彼取此。

本章论为政之道,切入点在于尊重人民的感受。

民不畏威,则大威至。

当天下人民对执政者的威权暴力无所畏惧的时候,那么因民怨集结而汇成的反抗怒潮,其威力将远大于官方既有的统治权势。此十七章云:"太上,下知有之。其次,亲而誉之。其次,畏之;其次,侮之。"太上是道家的治道,其次是儒家的治道，等而下之的是法家的治道，以严刑峻法迫使天下人民畏惧政府的威权。唯"畏之"不足恃，到了忍无可忍的临界点，会引爆"侮之"的抗暴行动。由恐惧转为侮慢，由鄙视政府进而转为推翻政府。这一民心所发出的巨大能量，实不可轻估。

无狎其所居，无厌其所生。

为了消解"大威至"之动摇统治权势的民怨怒火，老君给出了谆谆教诲。"无"是告诫之辞，"狎"是狎弄戏侮，"厌"是嫌恶厌弃，这是告诫所有在位掌权的人，不要随意戏侮天下人民的日常起居，不要让百姓厌弃自己的人生。官方的傲慢戏弄，将会逼出民间对生活质量的嫌恶厌弃，并从厌弃自己往上延烧，进而厌弃政府，那就"大威至"了。

夫唯不厌，是以不厌。

此文句过简，而语意不明。唯依上下语文脉络看来，可解读为：只有百姓不厌弃自家此生，才不会爆发厌弃政府的决绝行动。官方狎弄、戏侮人民，人民在失去尊严之后，会有此生不值得活下去的厌弃感，当然心中也就排除了政府存在的空间了。"信不足焉，有不信焉"（十七章），官方信不足，民间有不信,民间不信任政府,进而厌弃政府,也就由"畏之"而"侮之",由"不畏威"而"大威至"了。

是以圣人自知不自见,自爱不自贵。故去彼取此。

前头告诫,后论扭转之道,要从圣人的修养做起。圣人要自知,不要自见(即自现),"自知"即"自知者明"(三十三章),虚静明照,由自知而知常,而"常善救人,故无弃人"(二十七章),此为圣人救人之极致;而"自现"是自身爱现、标榜自己,抢尽天下人的光采,反而看不到天下人,故云:"自见者不明。"(二十四章)

其次,圣人要自爱,而不要自贵。"自爱"是朗现生命本身的自在天真,而不会把生命当作争名逐利、奔竞权势的工具;"自贵"则是抬高自己,十三章所云"贵大患若身",也就是"贵身若大患",抬高自己是人一生最大的忧患,因为这样做就会逼自己去打天下,以名利、权势来抬高自己,而与天下人对抗,当然是一生没完没了的忧患负累了。

依"贵以身为天下,若可寄天下;爱以身为天下,若可托天下"(十三章)来看,一个把自身看作比天下还高贵还可爱的人,天下的名利权势就等同于身外物,他不要天下,我们也就可以放心地把天下寄托在他的身上。这样的人,就是"自爱而不自贵"的人,他不会"驰骋畋猎"(十二章),不会逼自己去打天下,从而伤了自己,也害了天下。故承担天下大任的圣人,要去掉"自见""自贵"的"彼",而择取"自知""自爱"的"此"。执政者减少傲慢,天下人就拥有自在的天空了。

第73章　勇于不敢的天网不失

> 无心自然，百姓自来。

勇于敢则杀，勇于不敢则活。此两者，或利或害。
天之所恶，孰知其故？是以圣人犹难之。
天之道，不争而善胜，不言而善应，不召而自来，繟然而善谋。
天网恢恢，疏而不失。

勇于敢则杀，勇于不敢则活。此两者，或利或害。

儒学传统有智仁勇"三达德"，正与老子的"我有三宝"一一对应。"仁"近于"一曰慈"，"智"近于"二曰俭"，"勇"近于"三曰不敢为天下先"。三达德与三宝相映成趣，孔子说"仁者必有勇"，老子也说"慈故能勇"，两家"勇"的担当，皆发自仁心或母慈的爱，而其分异在于儒家说"勇者不惧"，而老子却说"勇于不敢"。

人间世俗所谓的"勇",一定与"敢"连言,而老子却将"勇"的表现,做出"勇于敢"与"勇于不敢"的区隔。前者逼向"则杀"的绝路,后者开出"则活"的生路,"死"是"害"之最大,"生"是"利"之最大,故人生的智慧,要在"杀"之死与"活"之生间,做出存在的抉择,故云"此两者,或利或害"。不仅有利有害,根本就是生死两路之"在"与"不在"的抉择。

《道德经》在"不敢为天下先"与"勇于不敢"之外,另有"使夫智者不敢为也"(三章)、"辅万物之自然而不敢为"(六十四章)、"吾不敢为主而为客,不敢进寸而退尺"(六十九章),此"不敢为",是不敢有为之谓。而有为从有心而来,故"勇"是心知的执着,"敢"则是意志的跟进。"勇于敢则杀",如同"物壮则老,是谓不道,不道早已"(三十章),"勇于敢"是物求其壮大自己,"则杀"也就是"早已",理由在于"不道",悖离母慈无心的自然之道。"强梁者不得其死"(四十二章)正是"勇于敢则杀"的最佳说解。老子说"慈故能勇",而"勇于不敢",合乎"柔弱者生之徒"(七十六章)的自然之道,故是简易而高明的人生智慧。

天之所恶,孰知其故?是以圣人犹难之。

天地生万物从"天地之大德曰生"来看,"天之所恶",指涉的是与"生"相对的"死",万物有生有死;"孰知其故",意谓天地无心,并非有心地安排,"故"是理由,生死只是自然现象,没有理由可说;"是以圣人犹难之",即使高明如圣人,也不可能测知天道玄机,故世事兴废、人间存亡,此或利或害的人间福报,要由人的德行修养来自行负责,"勇于敢则杀,勇于不敢则活",福报总是从德行中来。

天之道,不争而善胜,不言而善应,不召而自来,绰然而善谋。

天道无心无为,且无为而无不为,不争、不言,不召与绰然的"无为",会生发善胜、善应、自来与善谋的"无不为"。天道与世无争,从不与世间决裂;"天何言哉",天没有说些什么,而与万物有存在的感应;不发出任何呼唤,而天下人自然来归;绰然宽松且和缓,而顺任自然的安排。此为从"不"说"善",化掉人为的造作,而回归自然的美好。

天网恢恢,疏而不失。

人道走天道的路,而"道法自然",天道无所不在,虽无声无形,却永不失漏,它撒开了天罗地网,没有人逃得过。故人生当在"勇于不敢"中,"虚其心""弱其志"地解消执着造作,而"实其腹""强其骨"地活出自在美好,因为人为造作总是虚假而脆弱的,天生自然却是真实而坚强的。

第74章　代司杀者的自伤其身

> 替天行道是人为造作之最。

民不畏死，奈何以死惧之？

若使民常畏死，而为奇者，吾得执而杀之，孰敢？

常有司杀者杀。夫代司杀者杀，是谓代大匠斫。夫代大匠斫者，希有不伤其手矣。

民不畏死，奈何以死惧之？

此"民不畏死"，就是前头所说的"民不畏威"，天有好生之德，天下人民会有谁不怕死！故"民不畏死"是果不是因，此生没有尊严，没有前景，诚如《孟子·告子上》所云："所恶有甚于死者。"在生不如死的年代，天下人民对死亡已无所畏惧，统治者再以死刑来威吓人民，又如何奈何得了不畏死之民！如此当然就发挥不了吓阻犯禁的作用。

若使民常畏死，而为奇者，吾得执而杀之，孰敢？

此专为法家治道所设想之论。所谓"若使民常畏死"，乃在"无狎其所居，无厌其所生"（七十二章）的无为治道之下，天下人民爱惜自己的生命，认定此生岁月值得珍惜，在此一前提之下，"为奇者"是指涉不走正道而作奸犯科的人，"吾"是执政掌权者的自称，"执"是拘捕人犯，"杀之"是依法处以死刑，"孰敢"是请问还有谁敢触犯法禁！这一段话，若直接解为道家立场的自我宣示，那就错得离谱了，因为语气不对，且与上下文脉有隔。

常有司杀者杀。夫代司杀者杀，是谓代大匠斫。夫代大匠斫者，希有不伤其手矣。

"司杀者"是指涉掌管万物生灭的天地造化，"常有"是常在，"杀"是指涉花开花落、春去春来的生灭变化，此近《荀子·天论》的"天行有常，不为尧存，不为桀亡"之说。"天行有常"，就是"常有司杀者杀"，"不为尧存，不为桀亡"意谓天之行与司杀者之杀，是无心自然，而与人间善恶不相干。故

"夫代司杀者杀",是试图以人为取代自然,"以死惧之"就是"代司杀者杀"。人间以"替天行道"自我期许的人,在使命感的道德光环之下,会由狂热走向冷酷,自以为拥有主宰天下人生死的特权,这一专制独断的狂人行径,堪称"代司杀者杀"的最佳写照。

此政治狂人落在民间而言,就像"代大匠斫",大匠砍伐木头,自有其专业的素养与经验的累积,外行人在技艺与经验两缺之下,试图取代大匠去砍斫树木,那不仅是不可能完成的任务,而且会带来严重的后遗症,很少能不伤到自己的手。故云:"夫代大匠斫者,希有不伤其手矣。"天道的生成作用,无可取代;大匠的专业本领,亦无可取代。统治者的"以死惧之",就跟"代司杀者杀"与"代大匠斫"一样不可能,且其引发的后遗症恐难以收拾,"民不畏威,则大威至",天下社稷就可能毁在这一我心狂野的人为造作中。

第75章　食税有为的难治轻死

民生日用没有炒作的空间。

民之饥，以其上食税之多，是以饥。
民之难治，以其上之有为，是以难治。
民之轻死，以其上求生之厚，是以轻死。
天唯无以生为者，是贤于贵生。

本章续言治国之道，民之难治，乃由君上有为而来。

民之饥，以其上食税之多，是以饥。

天下人民挨饿受冻，原因就在于君上开征重税，人民负担不了，竟连温饱都成了问题。此乃君上只图自家奢华享乐，而不问民间疾苦所致。《论语·颜渊》有若答哀公"用不足"之问，云："百姓足，君孰与不足；百姓不足，君孰与足！"君上治国，首要之务是养民，下民足，君上有什么好不足的；反之，下民不足，君上又怎能足？如今为了"食税之多"，而迫使下民一日三餐没有着落，这还能说是身为君上的治国之道吗？

民之难治，以其上之有为，是以难治。

天下人民会难以治理，原因在君上自己的有心有为。六十五章云："民之难治，以其智多。""智多"是"民多利器""人多智巧"，此从君上之"天下多忌讳"与"法令滋彰"（五十七章）而来。前者有心而后者有为，故云："以智治国，国之贼。"反之，"我无为而民自化""我无欲而民自朴"（五十七章），君上无为无欲，下民归于朴实淳厚，不会以智巧利器来回应君上之忌讳法令，在自然理序中自在过活，又何须治？

民之轻死，以其上求生之厚，是以轻死。

"轻死"是不珍重生命，也不爱惜生命，该当看重的却反而看轻，这是不知轻重之生命价值观的错乱与迷失。四十四章云："名与身孰亲，身与货孰多，得与亡孰病？"这是将生命自身,分别跟声名、货利放在天平两端做出比较,何者为轻,何者为重;再进一步逼问,得到了外在的声名货利,却失去了生命本身的自在美好,何者对人生来说会是伤痛?此不答问已给出了解答。故"轻死"是生命价值观的严重扭曲,而其原因却在于君上的"求生之厚"。此"求生之厚"带出"食税之多",君上垄断天下的资源,压缩民间存活的空间,一如"人之生,动之死地"(五十章),君上求生太过,反而掉落死地,因为下民轻死,就"不畏威",那"大威至"的民怨怒火,也就延烧到自家的身上了。

天唯无以生为者,是贤于贵生。

"生为"是以"生"为务,"为"乃人为造作、用心经营之谓。"无以生为",是"生"无须用心去"为"。三十八章云:"上德无为而无以为,下德为之而有以为。"上德之"无以为"乃德的本身就是目的,未夹杂其他的因素;下德之"有以为",乃德的本身并非仅是目的,已夹杂德之外的其他因素。就"生"而言,也可以有"无以为"与"有以为"的区分,"无以为"是回归生命本身,"有以为"亦即"贵生"之意,以声名、货利来抬高自身,却反而失落了生命本身的自在美好,故"无以生为"的无心无为,比诸"贵生"的有心有为,显然高明太多。五十五章云："益生曰祥。""祥"为反训，不祥之谓，益生乃不祥。"益"是人为造作，增益是为了修饰、抬高此身，却反而失去纯真，甚至掉落死地，故为不祥。

第76章 木强则兵的柔弱处上

柔软是生命存活的表征。

人之生也柔弱,其死也坚强;万物草木之生也柔脆,其死也枯槁。

故坚强者死之徒,柔弱者生之徒。

是以兵强则不胜,木强则兵。强大处下,柔弱处上。

人之生也柔弱,其死也坚强;万物草木之生也柔脆,其死也枯槁。

此句是对生死的自然现象做一事实性的描述,人之"生"呈现的存在样态是柔弱的,人之"死"呈现的存在样态则是坚强的。"万物草木"亦然,"生"看似脆弱实则柔软,"死"看似刚强实则干枯。

第 76 章　木强则兵的柔弱处上

故坚强者死之徒，柔弱者生之徒。

此由实然现象的观察，而体悟出应然的价值归趋。"徒"可当"类"解，另可当"途"解，走"死"之途者，就归属"死"之类的人；走"生"之途者，也就归属"生"之类的人。走哪一条路，就是哪一类的人。人生在世，永远要在生死两途间做一存在的抉择。试看，台风来时，大树坚强却拦腰而断，小草柔弱却安然无恙，故守柔居弱，才是活出一生的妙方。

问题在于，要由有心有为的坚强，转向无心无为的柔弱，亟待人生的体悟与实践。根源在于"一曰慈"，体悟在于"二曰俭"，实践在于"三曰不敢为天下先"。本于慈心悲怀，给别人空间，也为自己留下余地；给别人台阶下，也为自己预留退路；人人归根复命，一体成全，就是所谓的"柔弱者生之徒"。反之，人我之间老是一笔抹杀，且几近全盘否定，颠覆别人的存在尊严，终结别人一生的光采。如此逼出摊牌决裂之路，人人驰骋畋猎，相刃相靡，决一死战而两败俱伤，就是所谓的"坚强者死之徒"。

是以兵强则不胜，木强则兵。强大处下，柔弱处上。

"兵强"是指摆出军容壮盛的傲慢姿态，意图强霸天下，在两军对阵、"抗兵相加"之时，反而会因轻敌而落败。此一兵强反而不胜的道理，可以再以民间之"木强则兵"来比喻理解。木头强大成材，一定会引来大匠们斧头、柴刀的争相砍斫，而伤了自己。反之，慈故能勇，而勇于不敢，且不敢为天下先，故能成器长，在列国对峙间，可得众小国的拥戴，而成了盟主领袖。这不就是"坚强者死之徒"，而"柔弱者生之徒"的直接说解吗？

以树木为喻，"强大处下"，即树干根柢坚强，自然处于树木之下盘；"柔弱处上"，即枝叶花果柔弱，反而处于树木之上端。人生亦当如是，强大者要处于天下人之下，由"挫其锐"而"解其纷"，挫损锋锐，就可以解开纷扰；再由"和其光"而"同其尘"，消融自己的光芒，就可以与人间尘土同在、同行。故柔弱不争的人，反而处于天下人之上。此即体现了天道"有生于无"的实现原理。就人生修养而言，是"无"了才"有"。故"无"看似柔弱，但既是"生"之象征，也是"生"之原理。

第77章　余补不足的天道律动

> 存在之理就在于均衡和谐。

天之道，其犹张弓与？高者抑之，下者举之；有余者损之，不足者补之。

天之道，损有余而补不足；人之道，则不然，损不足以奉有余。

孰能有余以奉天下？唯有道者。

是以圣人为而不恃，功成而不处，其不欲见贤。

天之道，其犹张弓与？高者抑之，下者举之；有余者损之，不足者补之。

天道无声无形，视之不可见，听之不可闻，体道之士仅能依据生命实践的体悟，现身说道，而道又不可言说，故以生活经验做譬喻说解。天道的生成原理，就像"张弓"的道理。《说文》："张，施弓弦也。"制作一把良弓，施加弓弦力道要能平衡，取得一体的和谐，否则这把弓会因失衡而倾斜，甚至扭曲变形。现代人少拉弓射箭，大多打羽毛球、网球，而球拍穿线，一如施弓弦，首要在用力均匀，拍面要维持平衡，才能随心应手地击球。故高出来的要下抑，陷下去的要上举，正好保有弓弦的平衡；且多余的要减损，不足的要增补，重在维系一体平衡的和谐。

天之道，损有余而补不足；人之道，则不然，损不足以奉有余。

此将"有余者损之，不足者补之"，浓缩而为"损有余而补不足"。天道生万物，"损"有余者，以"补"不足者，减损与增补之间，是所谓的"道法自然"，既无心又无为，没有心知的执着与人为的造作。"以辅万物之自然而不敢为"（六十四章），让万物自生自长，而有一"然后乃至大顺"（六十五章）的整体和谐。"人之道，则不然"，"不然"是"不是如此"，不是如天道般的"损有余而补不足"，相反的是"损不足以奉有余"，减损不足的人，去讨好有余的人，此人间势利眼，多的是锦上添花、依附权贵，而少有人能雪中送炭、济贫救苦，此为人间纷扰与动乱的症结所在。

孰能有余以奉天下？唯有道者。

此直接将生命感怀发为天大的问号，问普天之下，谁家能够如同天道般用自家的有余，去敬奉天下人的不足！此"奉"字，含有敬意，可不是悲悯施舍，虽救济而无救济相，以维护弱势者的尊严。老子自问自答，"唯有道者"，只有"有道者"做得到。"有道者"是把天道体现在自己身上的人，故"有余以奉天下"是道行，依天道而行，引天道入人间，从事社会福利与人间救济的慈善事业，就是替天行道的人，当然是天大的功德了。

是以圣人为而不恃，功成而不处，其不欲见贤。

圣人生百姓，依据的是天地生万物的生成原理，故圣人必是"有道者"，是道行人间的人。此道行从何而见？就在"为而不恃，功成而不处"，此"为"就是"生"，圣人生百姓，虽有天大的功德，却不恃为己恩，生成百姓是"功成"，不恃为己恩是"不处"。第二章云："功成而弗居。""弗居"即"不处"，不处就是不居功，"绝圣而后圣功存"，忘掉自己是圣人的人，才能保存"生百姓"的功德，因为"百姓皆谓我自然"，才是真正的"生"，这是道家"不生之生"的大智慧。不然的话，百姓的"生"，都是圣人给的，"生"的美好就此失落。故下文云："其不欲见贤。""其"指圣人，"不欲"是不想要，没有意图之意，"见"念为"现"，"现贤"是彰显自己的才能与功劳，"不欲见贤"，正是"绝圣弃智""绝仁弃义"（十九章）与"上德不德"之自我解消的功夫，也就是"损有余"与"为道日损"（四十八章）的"损"。不凸显自己的德行功德，内敛涵藏，把"生"之德化掉，还给百姓"自己如此"的自在美好，这才是道家"无为而治"的政治理想。

"人道"应当以"天道"为依归，损一己之有余，以补天下人之不足。

第78章　受国不祥的天下人主

> 水最柔弱，也最坚强。

天下莫柔弱于水，而攻坚强者莫之能胜；以其无以易之。

弱之胜强，柔之胜刚，天下莫不知，莫能行。

是以圣人云：受国之垢，是谓社稷主；受国不祥，是为天下王。

正言若反。

天下莫柔弱于水，而攻坚强者莫之能胜；以其无以易之。

天下万物的存在性格，没有比水更柔弱的，而攻坚击强的力道，却没有能比水更猛烈的。"以"是问何以故？理由在，"无以易之"。此有二说，其一"易"当"变易"解，就水本身来说，没有任何一物可以改变甚或取代它；其二"易"当"轻易"解，此就人的态度说，没有人可以轻视、忽略它存在的分量。此二说以前说较妥当贴切，不过二说亦可统合，就因为没有人可以改变它，所以也没有人可以轻估它。

第八章云："上善若水，水善利万物而不争，处众人之所恶，故几于道。"水的"利"在于润泽万物，而"善"是不争，不争的源头在于无心而自然，因水自然往下流，处在众人所厌恶的卑下之地，才可能同时利万物；又因水无心而不与万物争，才可能长久地处于下流而利万物。老子从"利"万物说"生"万物，故自处卑下而无所不在的水，看似最柔弱，实则最坚强，因万物若缺了水的润泽，必干枯而死。此等同天地之大德的"生"，已近于道体的生成原理，道体的"无"是最柔弱的，道体的"有"则最为坚强。此所谓"攻坚强者"，落在两军对阵时，大军围城而久攻不下，最有效的进攻利器就是引水攻城，再坚固的城墙也会随之崩解。由此而言，水无可变易或取代，故没有人可以看轻它。

弱之胜强，柔之胜刚，天下莫不知，莫能行。

此将"柔弱胜刚强"（三十六章）拆开而成上下两句并列。所谓"胜"，可不是"柔"打败了"刚"，"弱"打败了"强"，而是说人生在世，以柔弱的姿态出现，远比自以为刚强好得太多。柔弱是无心无为，刚强是有心有为，水无心无为，没有自己而无所不在，若有心有为，则引生抗拒，而难以融入万物。试看水之柔弱竟连钢筋水泥亦可透入，此柔弱解消了刚强的自我防卫，而可以与万物同在并行。问题是，这一简易的人生道理，天下没有人不知，却没有人能行。故不是理论的问题，而是实践的问题，而实践起于对水"几于道"的体悟。

是以圣人云：受国之垢，是谓社稷主；受国不祥，是为天下王。

由"道"的体悟，而有"道"的实践，圣人由体道而行道，由水之"处众人之所恶"，而自居于"天下之恶皆归焉"（《论语·子张》）的下流处。此"处众人之所恶"与"天下之恶皆归"，就是"受国之垢"与"受国不祥"，圣人治天下、生百姓，将天下的尘垢与百姓的不祥，都由自家来担负、承受，就在"受国之垢"中治天下，在"受国不祥"中生百姓。

十三章云："贵以身为天下，若可寄天下；爱以身为天下，若可托天下。"意谓把自身看成比天下还高贵、可爱的人，也就是不会假借天下之权势名利来抬高自己的人，才可以把治理天下的重任寄托在他的身上。此等人视权势名利如尘土、累赘，不会因打天下而害了百姓。不过，圣人治天下、生百姓，得担负民间疾苦而承受俗染尘嚣，此负累尘垢，皆人生不祥之事，要能承受得住，得有解消的功夫与放下的智慧。不论守柔居弱，或处下不争，根本在于体现道体的"无"，而"无"了才"有"，"有"天下"有"百姓。

正言若反。

最后这句，是老子对"吾言甚易知，甚易行"，何以"天下莫能知，莫能行"的自我诠解。所谓"正言若反"，意谓人生的正面道理，都要从反面去切入，"若"是看起来像，而事实上不是，如"明道若昧，进道若退"（四十一章），"明道""进道"是"正言"，"若昧""若退"则是"若反"，光明的道看起来像昏昧，前进的道看起来像后退，实则是明道藏在昏昧中，进道藏在后退中，此"藏"是内敛涵藏的修养功夫，不抢尽人间光采，也不去压缩别人的空间，才是照亮人间也活出自我人生的道。

依正反合的精神辩证历程来看，正面的执着会带出它的反面，此"反"是自我的否定，而"若反"则有如打预防针一样，可以有免疫力，克服了反面，是为否定之否定，从而走向更高正面的"合"。此如"大巧若拙"，自以为巧的人，实则笨拙,"若拙"是把机巧藏在笨拙中,化解自以为"巧"实则笨拙的负面效应,不仅保存了正面,且推上更高正面的"合",是谓"大巧"。

由此看来,"正言若反",不仅是老子言说的独特形式,且涵藏了心灵化解的功夫与生命成全的智慧。

第79章　不责于人的契合符信

怨已生，再求和解，终究有憾。

和大怨，必有余怨，安可以为善？
是以圣人执左契，而不责于人。有德司契，无德司彻。
天道无亲，常与善人。

和大怨，必有余怨，安可以为善？

"怨"起于在位者的有心有为，有大小、多少的执着与分别，便会带出大小的比较心与多少的得失心。你大我小，你多我少，就算亲如兄弟，心中也会滋生不平的"怨"。若不知"报怨以德"，以无心天真来化解，而听任"怨"积累成"大怨"再求和解，则为时已晚，因为余怨犹在，裂痕已深，而心中有憾。"安"当"岂"解，怎么可以说是"为善"呢？依道家"无心"为"善"来看,"安可以为善",意谓这哪里是"报怨以德"的自然无为之道呢?因为报怨之道,首在化解"怨",无执着分别,也无比较得失。"怨"已化解于无形,既无怨,又何须"报"呢?"无为而治"才是简易而高明的政治智慧。

是以圣人执左契,而不责于人。有德司契,无德司彻。

依老子的理解,在位者的可道、可名,通过知善、知美与尚贤、贵货而展开,此既"有心"又"有为","有心"在于把价值标准定在自家的身上,"有为"在于责求天下人符合我的标准,此心知的执着是主观的偏见,而人为的造作则是权势的傲慢。故圣人治天下,不以自己作为标准而责求天下人。此"不责于人"的无为治道,用"执左契"的民间立约来说明,立借据,订契约,恒分成左右两半,双方各执其一,执左契者等待对方来契合而已,执右契者则可以责求财物于人。"有德司契,无德司彻","司"当"主"解,契是契约,彻为十取一的税法。此有德、无德相对而言,圣人有德,故执左契而不责于人,而无德的在位者,却依税法来责求天下人纳税。前者无为,故民间无怨,后者有为,则民间怨生矣。

唯高亨《老子正诂》云:"凡贷人者执左契,贷于人者执右契,贷人者可执左契以责贷于人者,令其偿还。圣人执左契而不责于人，即施而不求报也。"贷人者即今之债权人，贷于人者即今之债务人，债权人稳操左券，本可以责求债务人依法偿还，却执左契而不用，此合乎"生而不有，为而不恃，长而不宰"之玄德，故此说亦通。又云："彻，疑当为杀。"因二字之篆文形近而误，论据是"常有司杀者杀"（七十四章），而"代司杀者"正是无德者背离天道自然的刑暴行为，此可另存一说，唯不如原本"司彻"与"司契"相对而言之贴切。

天道无亲，常与善人。

最后一句，"天道无亲"，也就是"天地不仁"，仁者爱人，而不仁即无亲，没有特别亲近的人，那就是"一曰慈"的无心之爱；"常与善人"，"与"当"助"解，"善人"是无心天真的人，天道自然永远跟无心天真的人同在同行，"助"是虚说，因无心天真的人，即回归天道自然的人，就在天地生万物的生成作用中保有生命的自在美好。此可与"天将救之，以慈卫之"（六十七章）对看求解，天道以"生"救人，而无心之"慈"，正是"生"之原理，人间一切美妙的"有"，皆生于道体的"无"，"无亲"跟"慈"，正是道体之"无"在人间的体现。

第80章　甘食美服的小国寡民

在高度文明中过俭朴生活。

小国寡民。使有什佰之器而不用,使民重死而不远徙。

虽有舟舆,无所乘之;虽有甲兵,无所陈之。使民复结绳而用之。

甘其食,美其服,安其居,乐其俗。

邻国相望,鸡犬之声相闻,民至老死不相往来。

小国寡民。使有什佰之器而不用,使民重死而不远徙。

王弼本云:"国既小,民又寡,尚可使反古,况国大民众乎,故举小国而言也。"此说大有问题,国小民寡回返古朴尚易,国大民众则相对艰难许多,故"尚可"与"何况"之比较论定,几近荒谬而不可理解。

问题出在,"小"与"寡"指涉的不是数量的寡少,而是价值的观念,指称的是素朴的国度与天真的人民,也就是"复归于朴"的国度与"复归于婴儿"的人民,前者"常德乃足",后者"常德不离",此"足"于"不离"的生命向度,落实于家常日常,就在"使有什佰之器而不用,使民重死而不徙"。"什佰之器"乃"朴散则为器"的产物,散开的什佰之器,各有器用,加上"始制有名"(三十二章),名号抽象而制度割裂,故云:"圣人用之,则为官长,故大制不割。"(二十八章)圣人作为百官之长,要以"朴"治天下,回归"道常无名"的"朴实",如是生命不会僵化落空,人间体制架构也不会出现割裂的负作用,"小国寡民"就是"大制不割"的真实写照。

依"道常无名,朴虽小,天下莫能臣也"(三十二章),与"常无欲,可名于小;万物归焉而不为主,可名为大"(三十四章)来看,此所谓"小",皆指谓道体的无名无欲。再看,"侯王自谓孤寡不谷"(三十九章),与"人之所恶,唯孤寡不谷,而王公以为称"(四十二章),侯王或王公以"孤寡不谷"自称,正是"物或损之而益"(四十二章)的修养功夫与政治智慧。故"小"与"寡"皆不是指涉人间现实功利的数量寡少,而是指道体本身的无名之朴,与"为道日损"的体道境界。由是而言,王弼本不仅推论荒谬,且理解有误。"使民重死而不远徙",

"重死"是"无厌其所生"（七十二章），不要迫使天下人厌弃自己的这一生，他自然就会看重生命而疼惜自己；"不远徙"则是安土重迁的乡土情怀，这是农业社会中对民间乡土的认同感与归属感，那是我们成长的土地，也是我们心灵的归乡。

虽有舟舆，无所乘之；虽有甲兵，无所陈之。使民复结绳而用之。

此承上文而言，"使有什佰之器而不用"，故言"虽有甲兵，无所陈之"；"使民重死而不远徙"，故言"虽有舟舆，无所乘之"。"使民复结绳而用之"，似乎意图重返原始部落社会，实则意谓无执着、无分别的素朴纯真，可不是民智未开的蒙昧混沌。虽有舟舆、有甲兵，"无所"是没有发挥作用的空间，对素朴纯真而言，舟舆、甲兵是多余的，故"结绳而用之"。既无心无为，也就无用，此化绚烂为平淡，在简易中显高明，在单纯间藏丰富。"知足者富"，知内在本自具足的人，才是真正的富有。

甘其食，美其服，安其居，乐其俗。

衣食的家常甘美、居处习俗的安乐，由无心无知、无事无欲间自然透显出来，是"日出而作，日入而息，凿井而饮，耕田而食，帝力于我何有哉"的自在美好，天高皇帝远，就在家常、日常中，活出天大地大来。故老子所谓的自然，可不是现象的自然、事实的自然；而是境界的自然、价值的自然，是吾心虚静观照所开显的境界。"万物静观皆自得"，甘美安乐正是静观所照现的自在美好。

邻国相望，鸡犬之声相闻，民至老死不相往来。

"邻国相望"，保有距离的美感，没有边界，也没有设防；"鸡犬之声相闻"，彼此声气相通，生命无隔。鸡犬是农家生活的伙伴，叫声则是农家生活的节奏，紧邻相望，在虚静观照中朗现美感，拉开距离，又有一体感应的和谐。"民至老死不相往来"，不因紧邻切近而彼此干扰，存全自家的独立空间与互发的光亮。老子在此描绘出他心中的理想国，此为陶渊明"桃花源"之所本。

这一章，是道家"天下有道"的境界描述，是从儒家"天下有道，礼乐征伐自天子出"之大一统格局解构而出的无为治道，老子直就儒家周文解体而礼坏乐崩的所谓"天下无道"，一转而为道家"复归于朴"的"天下有道"，而"小国寡民"正是这一"道法自然"的境界朗现。

第81章　利而不害的天道成全

> 倾尽所有奉献天下，则拥有更多。

信言不美，美言不信；善者不辩，辩者不善；知者不博，博者不知。

圣人不积，既以为人己愈有，既以与人己愈多。

天之道，利而不害；圣人之道，为而不争。

此章为《道德经》的完结篇，总说天之道与圣人之道，人道要走天道的路，人间、天上一体并行。

信言不美，美言不信；善者不辩，辩者不善；知者不博，博者不知。

此两两相对的三句话，是以遮为诠，从它不是什么来说它是什么。真实的言语是不用人为加工去美化修饰的，而亟须美化修饰的言语则是少有真实的；善德天真的人是不用为自己辩解的，而亟须为自己辩解的人则是少有善德的；明白知道的人是不用博学多闻的，而以博学多闻自许的人则是不明白、不知道的。

四十九章云："善者吾善之，不善者吾亦善之，德善；信者吾信之，不信者吾亦信之，德信。"善与不善、信与不信的截然二分，是心知的执着与主观的偏见。"不善者吾亦善之""不信者吾亦信之"，不是善恶不分，是非不明，而是解消心知的执着与分别，让每一个人回归人人本有的善德、人人本有的真实，又何须美化辩白呢！

再从"为学日益，为道日损"（四十八章）来看，"博者"乃为学日益的人，"知者"乃为道日损的人。为学日益的人，是"其出弥远，其知弥少"（四十七章），是不知道的；而为道日损的人，"损之又损，以至于无为"，根本是无须博学去增益撑持的。《庄子·齐物论》云："道隐于小成，言隐于荣华。"博学多闻是"可道"的"小成"，成于小道，是则大道常道隐退；美化辩白是"可名"的"荣华"，荣于华名，是则真言常名隐退。此与首章有前后呼应的气势。

圣人不积，既以为人己愈有，既以与人己愈多。

"既"当"尽"解，倾尽自家所有的美好，施予天下人，看似倾尽、给出了，实则自家反而拥有更多。理由在，天下人的"有"，就是圣人本身的"有"，天下人的"多"，就是圣人本身的"多"。四十一章云："夫唯道，善贷且成。"天道"无"了自己而"有"了万物，圣人"无"了自己而"有"了百姓。"善贷且成"，是天道无心，就在赋予万物中成就天道的自身；圣人之道也无心，就在赋予百姓中成就圣人的自身。天道生成了万物，圣人生成了百姓，不就是"己愈有"，也"己愈多"了吗？

天之道，利而不害；圣人之道，为而不争。

最后一段，天道生万物，利万物而不害万物，圣人之道生百姓，让百姓成长而不跟百姓争。因为，天之道与圣人之道，皆是"生而不有，为而不恃，长而不宰"的玄德。"生""为""长"是"利"，"不有""不恃""不宰"是"不害"；"生""为""长"是"为"，"不有""不恃""不宰"是"不争"。天之道，以"不害"来成全"利"，圣人之道，以"不争"来成全"为"，"不害"与"不争"是道体的"无"，而"利"与"为"是道体的"有"，道体的生成原理，就在"有生于无"。何以成就了"利"？因为化解了"利"的负作用，在"不害"中利万物。何以成就了"为"？因为化解了"为"的负作用，在"不争"中"为"（长成）百姓。人间世俗的德则不然，"利"一定带来了"害"，而"为"是跟天下人"争"，"生而有，为而恃，长而宰"，"生""为""长"是"利"是"为"；"有""恃""宰"则是"害"是"争"，此所利与所害、所为与所争，正好功过两相抵消，堪称白忙一场。

　　老子在完结篇，以"甚易知"的理论，引领天下人走向"甚易行"的实践，从世俗民间而言，人生的道路与生命的内涵，就在于"利"与"为"。唯"利"与"为"的正面，会拖带出自己反面的"害"跟"争"，故人生的智慧与生命的觉悟就在于要化解正面所拖带出的反面，那就是"不害"与"不争"，因为"不害"而成全了利，因为"不争"而成就了"为"，那不就是"吾言甚易知，甚易行"了吗？天道玄理落在人间实现，《道德经》就此画下了完美的句点。

图书在版编目（CIP）数据

老子道德经的现代解读 / 王邦雄著. -- 北京：北京联合出版公司, 2019.11
ISBN 978-7-5596-3370-5

Ⅰ.①老… Ⅱ.①王… Ⅲ.①道家②《道德经》—研究 Ⅳ.①B223.15

中国版本图书馆CIP数据核字(2019)第125926号

本书由台北远流出版公司授权出版中文简体字版，限在中国大陆地区发行。

老子道德经的现代解读

著　　者：王邦雄　　　　选题策划：后浪出版公司
出版统筹：吴兴元　　　　编辑统筹：梅天明
特约编辑：魏姗姗　　　　责任编辑：牛炜征
装帧制造：墨白空间·张萌　营销推广：ONEBOOK

北京联合出版公司出版
（北京市西城区德外大街83号楼9层　100088）
北京天宇万达印刷有限公司印刷　新华书店经销
字数213千字　889毫米×1194毫米　1/32　11印张
2019年11月第1版　2019年11月第1次印刷
ISBN 978-7-5596-3370-5
定价：48.00元

后浪出版咨询(北京)有限责任公司常年法律顾问：北京大成律师事务所　周天晖　copyright@hinabook.com
未经许可，不得以任何方式复制或抄袭本书部分或全部内容
版权所有，侵权必究
本书若有印装质量问题，请与本公司图书销售中心联系调换。电话：010-64010019